めんどくさがる自分をサクサク動かす50のルール

行動習慣コンサルタント®　行動定着コーチ®
冨山真由　著

行動科学マネジメント研究所所長
石田 淳　監修

永岡書店

やる気はあるのに、
なかなか**動き出せない**、
進まない、続かない……。
あなたは**行動できない人**に
なっていませんか？

仕事が進まず、
残業が多い

何でも先のばし
してしまう

新しいことを
始められない

テレビや
スマホを
「ながら見」
してしまう

メールの
返信に
追われて
しまう

頑張っているのに
なかなか
成果が出ない

ダイエットしても
三日坊主だ…

めんどくさい…
が口グセだ

あなたが**行動できない**のは、

やる気や**性格**、ましてや

能力のせいではありません。

自分を正しく動かすコツを

知らないだけなのです。

動けない人の
主なタイプ

自信過剰
タイプ

いざとなればいつでもできると思い、先のばしにする。口グセは「まだ本気出してないだけ」。

分析思考
タイプ

理論を詰め込み、行動する前に満足してしまう頭でっかち。口グセは「あとはやるだけ」。

完璧主義
タイプ

少しでもうまくいかないと、すぐにやめてしまう。口グセは「今の自分には必要ない」。

承認欲求
タイプ

「いいね！」と言われないと頑張れない。口グセは「自分は誉められて伸びる人間なので」。

現実逃避
タイプ

行動する前から失敗したときのことを想像し、足がすくむ。口グセは「もしかして失敗するかも」。

でも、安心してください！

行動科学の理論に基づいた

行動力強化のコツを知るだけで、

誰でも体が勝手にサクサク

動き出します。

Contents

第2章 やる気はあるのに動けない… 行動を邪魔する「動けない習慣」を捨てるルール

第3章 自分を乗せてサクサク動く! 自発的に「行動するクセ」が身につくルール

第4章 仕事の効率がアップする! 行動を正しく「コントロール」して成果を出すルール

第5章 事例に学ぶ行動改善のヒント サクサクと「動けるようになった」人の成功エピソード

第6章
『行動定着シート』の活用術
行動を習慣化して「最速で目標達成」するルール

Column
行動科学マネジメント
キーワード解説

本書の読み方

「行動科学マネジメント」とは、アメリカのビジネス界や教育界などで大きな成果を上げている、行動分析学・行動心理学を基にしたマネジメント手法を、日本人に最適な形にアレンジしたものです。

第１～４章では、行動科学マネジメントのメソッドに基づいた行動力を強化する50のコツを紹介しています。また、「行動定着シート」を活用することで、あなたの行動力がより高まり、仕事やプライベートで確実に目標達成することができるようになるでしょう。

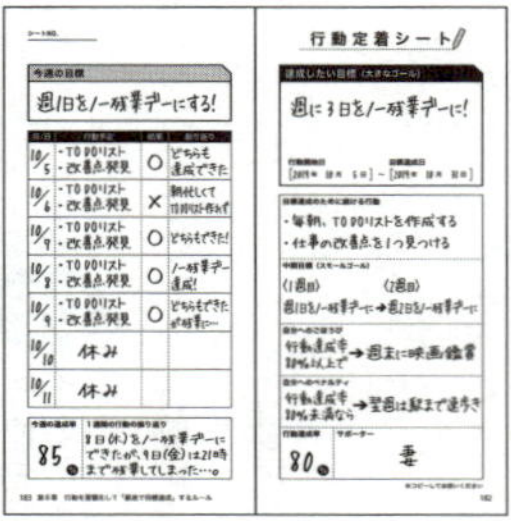

登場人物

著者の
冨山真由先生
行動のプロ。サクサク行動できる人になれるコツをアドバイス。

内村 剛さん
（営業職・30歳）
営業職のため上司と外回りに出ることも多い。整理整頓が苦手。

田中恵子さん
（事務職・27歳）
事務職としてデスクワーク中心の毎日。先のばしグセがある。

プロローグ

行動科学のメソッドで

めんどくさがる前に「体がサクサク」動き出す！

始められない、続かない、終わらないのは、あなたの意志が弱いからではありません

なかなか行動に移せないのは、正しく行動するコツを知らないだけ

「忙しくて、机の上がいつもぐちゃぐちゃ。探したい資料がすぐに探せず、1日中イライラしながら仕事をしている気がします」

「月末までに営業ノルマをクリアしたいと思って、毎月頑張っています。月初めはやる気があって割と好調なんですが、日を追うごとにやる気がなくなって、結局いつもクリアできません」

「別に仕事をサボっているわけじゃないのに、結局いつも残業になってしまいます。飲み会のドタキャンを何回か続けたら、最近は誰も誘ってくれなくなりました」

「今年こそダイエットをしようと思って、『甘いモノは絶対禁止』と決めたのに……。すぐに我慢できなくて大好きなスイーツを食べてしまいました。そんなときに自己嫌悪感を抱いてしまいます」

「英語くらいは話せないと……と焦って、英会話学校に通い始めたり、オンライン英会話に申し込んだりするんですが、すぐに飽きてしまうんです」

……こんなふうに、毎日の生活の中で、

- なかなか行動を開始できない
- なかなか行動を続けられない
- スムーズに行動を完了できない

ことで悩んでいる人は多いようです。


あなたは、いかがでしょうか?

そして、この悩みが根深いのは**「やる気はあるのに……」**という点です。

決して、やる気がないわけではないですよね?

自ら「そうしたい」と願ってはいるのです。

でも、始められない、予定どおり終わらない、続かない。

だから、そんな自分の意志の弱さを嘆いてしまうのです。

そして、失敗を何度も重ねるうちに「自分の性格や能力に問題があるのかな……」などと、自分で自分自身を疑うようにすらなってしまう人もいるでしょう。


でも、安心してください。

始められない、続かない、予定どおり終わらないのは、あなたの意志が弱いからではありません。

ましてや、あなたの性格や能力に問題があるわけでもありません。

あなたが、自分自身の行動を促すための、ほんのちょっとしたコツを知らないから――。

ただ、それだけなのです。

気合いや根性、意志の力だけでは、人間は動き出せない、続けられない

あらためまして、私は冨山真由《とみやままゆ》といいます。

この本の監修者、石田淳が代表を務める「一般社団法人行動科学マネジメント研究所」でコンサルタントとして活動しています。

そして、ＩＴ企業、製薬会社、旅行会社など多くの企業で社員研修を行ったり、個人の方向けにセルフマネジメントセミナーを開催して、成果の出る行動を習慣化するためのお手伝いをしてきました。

「行動科学マネジメント」とは、アメリカのビジネス界や教育界などで大きな成果を上げている行動分析学・行動心理学を基にしたマネジメント手法を、日本人に最適な形にアレンジしたメソッドです。

おかげさまで、

「冨山さんのアドバイスどおりデスクの整理をしたら、営業成績が伸びました」
「動ける仕組みを作っただけで、仕事の効率が上がり、残業しなくなりました」
「これまで何度も挫折してきたランニングなのに、今では走らないと逆に気持ち悪くて仕方ありません」
「時間的なゆとりが生まれ、以前からやってみたかった英会話スクールに通い始めました」

など、たくさんの方からうれしい感想をいただいてきました。

では、行動科学マネジメントの手法を取り入れると、なぜ今までなかなか動けなかった人がサクサク動けるようになるのでしょうか?

それは、**意志に頼らない**からです。

意志の力で行動する――誰もが当たり前のように感じているかもしれませんが、専門家の私たちから見ると、実はとてもレベルが高いことなのです。

毎日の早起きを例に考えてみましょう。おもしろそうな深夜テレビ番組、仕事仲間や友だちからの飲み会の誘い、急な残業……など、あなたの早起きを邪魔するものはいくつもあるはず。そんな中、「気合い」や「根性」だけで毎日早起きを続けられる方が、むしろ奇跡に近いのです。

そこで行動科学マネジメントでは、

「意志の力だけでは、人間は動き出せない、続けられない」

ということを大前提にしています。

そして、

「人が自然と行動したくなってしまう環境や仕組みを作ってしまえばいい」

と考えたわけです。

自然と行動したくなってしまう、行動科学マネジメントの特長とは？

では、なぜ行動科学マネジメントによって、自然と行動したくなってしまうのでしょうか？

ここでは、2つの大きな特長について触れておきます。

【特長① 不足行動を増やし、過剰行動を減らす】

行動科学マネジメントでは、行動を2つに大別します。

1つは、**「不足行動」**。これは、目標達成に必要な行動のことです。

対するもう1つは、**「過剰行動」**。これは、目標達成を邪魔する行動のことです。

あなたが「毎日ランニングを続けたい」「もっと英語の勉強をしたい」「ちゃんと早起きしたい」と考えているならば、ランニング、英語、早起きが不足行動に該当します。つまり、「本当はもっとやりた

目標達成を邪魔する
『過剰行動』を減らしたい
ついテレビを見てしまう
残業が多い
飲み会続きで…
行動科学マネジメントを使えば
目標達成に必要な
『不足行動』が増えて
サクサク動けるようになる！
ランニングを開始
英会話の勉強
早起きできる

いのに、やれていない行動」というわけです。

ところが、「ランニングを続けたいと思っているんだけど、ついテレビを見てしまう」「英語の勉強をしたいんだけど、残業が多くて」「ちゃんと早起きしたいんだけど、飲み会続きで」というのなら、テレビ、残業、飲み会が過剰行動に該当します。こちらは、「本当はもっと控えるべきなのに、やってしまう行動」というわけです。

わかりやすく言えば、

- **「～したい」と思っていることが不足行動**
- **「～だけど」の後に続くことが過剰行動**

です。

ここで覚えておきたいのは、「行動できない」と悩んでいる人は、実は「行動できていない」のではなく、「余計な行動をとってしまっている」ということです。

行動科学マネジメントとは、

目標達成に必要な「不足行動」を増やす
目標達成を邪魔する「過剰行動」を減らす

両方をコントロールするための実践テクニックです。
だから、今まで行動できなかった人が、サクサク行動できる人になれるのです。

【特長②　ゲーム的要素を盛り込んだ楽しい仕組み作り】

行動科学マネジメントには、行動するのが楽しくなる環境や仕組みを作るアイデアがたくさんあります。

その1つが、**〝お手製ポイントカード〟**です（P.116参照）。

例えば、営業の電話。
営業電話をかけるのがあまり好きでない、でも仕事だから毎日仕方なくかけているという人は、「1日のノルマの件数をかけたらポイントカードにシールを1枚貼る、ノルマ以上の件数をかけたらシールを2枚貼る」というマイルールを作って電話をかけてみてください。

「たかがポイントカードで？？？」と疑問に思うかもしれませんね。ところが、不思議とかけることが楽しくなってきます。

なぜなら、人間には「ポイントがたまる」ということが小さなごほうびとなり、その行動をしたくなるという習性があるからです。

行動科学マネジメントでは、**「報酬による行動強化」**と呼んでいます。

ただし、ここで大事なことが1つあります。それは「相手が最後まで話を聞いてくれたか？」「相手が契約してくれたかどうか？」などの成果ではなく、「電話をかけたかどうか？」の行動に着目し、行動したらポイントがたまるルールにすることです。

あるいは、**〝小さなゴール〟**の設定も、行動が楽しくなるアイデアの1つです（P.62、84参照）。

例えば、英会話の勉強。「『TOEICの参考書を毎日10ページやる』って決めたけど、全然やる気になれない……」という人は、まずは「毎日2ページ以上やる」と目標を修正してみましょう。

もしも、目標を修正することで、「2ページか、それなら毎日でもやれそうだな」と思えたらシメたもの。

まずは2ページ目標で行動を開始して、「もっとやれる」と思ったら、ページ数を増やしていけばいいのです。

なぜなら、人間は自分で設定した目標をクリアしていくことで自己効力感が高まり、自発的に行動したくなる習性があるからです。

行動科学マネジメントでは、**「スモールゴールの有効活用」**と呼びます。

「やらなきゃ……」「無理そうだな……」という気持ちを「やりたい！」「できそうだ！」に変える科学的メソッド

「やらなきゃいけない行動」や「達成が難しそうな行動」。

「やりたい行動」や「達成できそうな行動」。

どちらの方が、早く始めたいと思えるでしょうか？

そして、どちらの方が、気楽に一歩を踏み出せるでしょうか？

当然、後者の方です。

それが何となくわかっていながら、「やらなきゃ……」「できるかな……」という気持ちのままで行動していませんか？

お手製ポイントカードや、小さなゴール設定のように、行動科学マネジメントのコツや仕組みを取り入れることで、「やらなきゃいけない行動」「達成が難しそうな行動」を、簡単に「やりたい行動」「達成できそうな行動」に変えてしまうことができるのです。また、家族や友人、職場の同僚に目標を宣言して、行動を後押しするサポーターになってもらうのも有効な方法です。サポーターに行動をチェックしてもらうことで、励みになり、行動し続けることができるでしょう。

つまり、行動科学マネジメントとは、

自分を乗せて行動したくなるための環境や仕組みを簡単に作れる手法なのです。

人間の意志に頼らない手法であると述べましたが、「やりたい！」「やれそうだ！」といった人間の感情を無視しているわけではありません。

自分自身がどんなときでも常に良いパフォーマンスを発揮できるよう、身のまわりを整えたり、マイルールを導入しましょう――という考えが行動科学マネジメントの根底にあるのです。

自発性を重要視したメソッドだからこそ、今まで行動できなかった人が、いつの間にかサクサク行動できる人に変わっていけるのです。

サクサク行動できる人になって、自分の本当にやりたかった夢や想いを実現させよう！

さあ、いよいよ本章に入っていきます。

第1〜4章では、冒頭で行動科学マネジメントのメソッドについて少し触れた後、今日からすぐに使える行動テクニックを中心に紹介しています。ご自身の現状と照らし合わせ、「これならできそう」「ぜひトライしてみたい」と感じたメニューを取り入れてみてください。実践するうちに、体が自然にサクサク動き出してしまう感覚を味わえるはずです。

第5章では、仕事やプライベートのさまざまなテーマに関して、サクサク行動できる人になれた成功事例を紹介しています。皆さんのモデルケースになれば幸いです。

また、「行動定着シート」を182〜183に掲載しました。目標を自分で設定し、計画どおり行動できているかをチェックするのに便利なシートです。

私も、これまでの研修やセミナーを通してこのような「行動定着シート」を参加者の方々に使っていただき、さまざまな行動の習慣化をサポートしてきました。行動を習慣化して目標達成するために、ぜひ有効活用していただきたい付録です。

なお、行動科学マネジメントのメソッドを取り入れたこれらのコツは、さまざまな場面で応用可能です。本書では主にビジネスパーソンの例を挙げて紹介していますが、主婦の方は「仕事」を「家事・育児」、学生の方は「仕事」を「勉強」に置き換えて読み進めてみてください。

この本を通じて私が皆さんにお伝えしたいメッセージは、

「自分が本当にやりたいことをしましょう。そのためには自分の時間を作り出す必要があります。だからサクサク行動できる人になりましょう」

ということです。

自分の時間を作り、「やれたらいいな」「行けたらいいな」「できたらいいな」のままで止まっていた夢や想いを、これからどんどん実現していきましょう。

この本を読み、さまざまなコツを取り入れた方々から、

●悩む時間が減った
●先のばしグセがなくなった
●感情に振り回されることがなくなった
●自分のとるべき行動に集中できるようになった
●今までイヤイヤやっていたことが楽しくできるようになった
●次の行動へスムーズに移れるようになった
●仕事でもプライベートでも前より格段に成果が出るようになった

……などの声をいただけたら、著者としてこれほどうれしいことはありません。

第1章

身のまわりと頭をすっきり整理！

自然と
行動したくなる
「動ける環境」を
作るルール

デスクの上の状態は、
頭の中の状態と同じです。
身のまわりを整理すると
〝行動の質〟が変わります。

あなたのデスクまわりに行動を邪魔するモノはありませんか？

あなたは仕事でこんな経験をしたことはありませんか？

デスクの上には他社の資料やメモ、新聞、雑誌、ケータイなどが雑然と置いてある。あなたはA社の企画書をまとめながらも、「○○さんにメール返信しなくちゃ！」「経費の精算まだだった」「この雑誌の記事、おもしろそう」「今日の飲み会のお店、検索して探そう」などと、余計なことを考えてしまう。集中力が途切れたところでメールの着信に気づき、返信を開始。結局、企画書作りは一向に進まない……。

第1章で紹介していくのは、身のまわりの環境作りの技術です。

身のまわりの環境作りは、サクサク行動できる人になるための第1段階。基本のキにあたるステップです。

けれども、みなさんの中には、「環境作りって、要するに整理整頓のことでしょ。行動することと、整理整頓って関係あるの……？」と疑問に思っている人もいるでしょう。

実は、非常に関係があります。

なぜなら、行動科学マネジメントでは、**「身のまわりの環境＝あなたの頭の中の状態」**と捉えているからです。

行動科学マネジメントでは、「すっきり」という言葉がとても重要なキーワードです。とりたい行動を邪魔するモノが一切ない、というのが理想的な環境と考えるからです。

デスクまわりを整理して、とりたい行動に集中できる環境を作る

例えば、あなたのデスクの上は、いかがですか？

デスクの上に書類が積み重なっていて、必要な書類がなかなか取り出せなくなっていたり、すぐに使うことのない書類やファイル、ペンや名刺でデスクの上が散らかっていませんか？

雑然とした環境では、あなたが本来とるべき重要な行動に集中できないのです。

実際、私が行動科学マネジメントの講師として指導する際、参加者の皆さんに最初に着手してもらうのは身のまわりの環境作りです。

「デスクまわりを整理しただけで、翌週の営業成績が伸びました」と報告してくださった営業職の方々もいたように、身のまわりの環境が整理されただけで行動の質が大きく変化するからです。

デスクまわり、バッグの中味、パソコンのデータやメールなど、ビジネスパーソンが見直すべき身のまわりの環境はたくさんあります。

また、家庭内でも、リビングや寝室、キッチンなどの水まわり、洋服ダンスの中や押し入れなどは見直してみたい場所です。

では、どのように見直すと良いのでしょうか?

具体的な技術を紹介していきましょう。

自分を動かすルール01

今必要なモノ以外、出ていない。それがベストなデスク環境です

身のまわりの整理整頓は、
行動できる人になるための
基本のキ。
もしかしてあなたの会社の
デスク、物置スペースに
なっていませんか？

あなたのデスクの上はどんな状態ですか？　資料の山が出現していたり、使わないペンや読みかけの新聞など、今必要のないものが散乱していませんか？
それらはすべてあなたの集中をそぐ要素。例えば、今まさに取り組んでいる仕事以外のモノが出ていれば、「あ、そうだ、今週のうちにこの案件も終わらせなきゃ」などと、余計なことを考えさせるきっかけを自分に与えてしまうのです。

行動科学マネジメントでは「今やっている仕事に関係ないモノは一切デスクに置かない」のがベストだと考えます。デスクの上に置いてあるモノを1つずつ手に取り、本当に置いておく必要があるかをチェックしてみましょう。

備品を1つずつ手に取って、「今コレ必要？」と問いかければデスクの上からムダなモノが減る！

CHECK

あなたの現状は？

- □ デスクの上に余計なモノがない
- □ デスクの上に余計なモノがある

ADVICE

デスクの上の整理具合は、頭の中の整理具合を表します。「午後から使う」「明日から使う」という資料もスペースを設けてそこに置き、「今ここに集中！」の環境を作りましょう。

自分を動かすルール02

「定物定置」のルールで、モノの置き場所を決めてしまおう

デスクの整理整頓で
大切なのは
「備品の保管場所が
常に決まっていること」です。
あなたのデスクの備品たちに
定位置はありますか？

「あれ、ホチキスどこにいったっけ？」などといちいち探していると、仕事がなかなかはかどりません。こういった悩みを一気に解決するのが「定物定置《ていぶつていち》」のルールです。「定物定置」のルールは、アメリカなど多言語の国・地域などの職場で普及しています。「この資料はココに置く、ペンは必ずココに戻す」というルールを、誰もがひと目でわかるように絵や写真で図示するのです。

やり方は簡単です。まず、あなた自身の使い勝手を考えながら、デスクの上、デスクの引き出しの中に備品を置いていきます。そして「キレイになった」「使いやすくなった」と感じた状態をカメラなどで撮影し、プリントアウトします。そして、常に写真の状態になるように備品を戻せば、整理整頓された状態を保てます。

「定物定置」のルールを活用すれば、モノを探さない＆整理整頓に迷わない人になれる！

CHECK

あなたの現状は？

- □ モノの保管場所が決まっている
- □ モノの保管場所が決まっていない

ADVICE

デスクを整理し終わったら、2～3人に見せて、「キレイなデスクかどうか？」を客観的に判定してもらうと良いでしょう。整理整頓が苦手な人には特にオススメの方法です。

自分を動かす
ルール03

紙の資料はクリアファイルで色分けして、視覚化して整理しよう

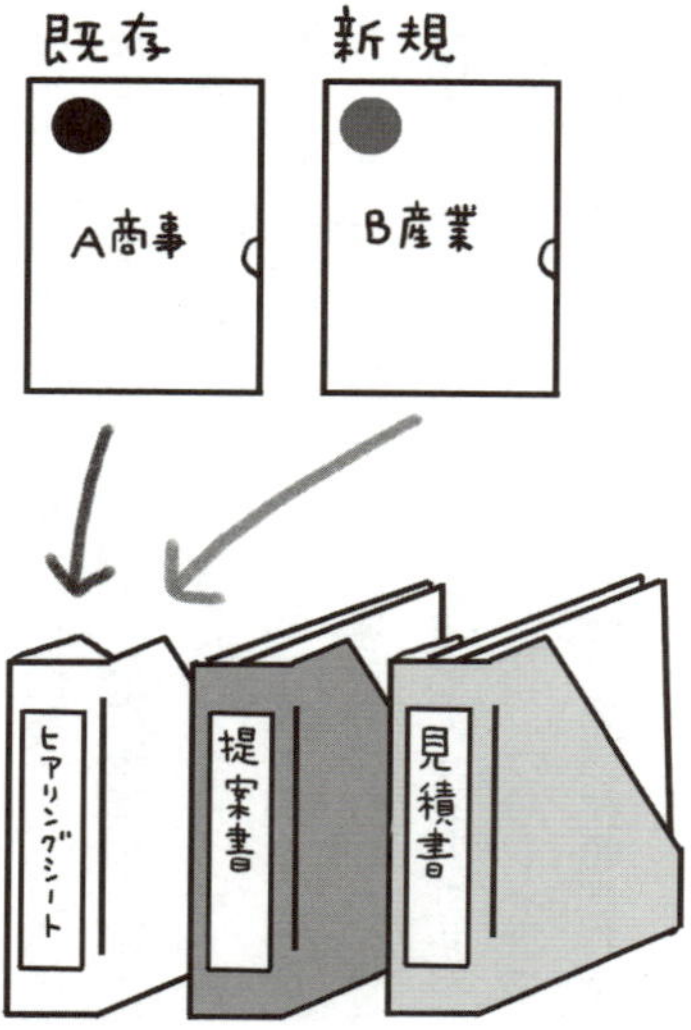

書類棚の整理整頓で
大きなネックになるのが
紙の資料。
色の違いを生かし、
ひと目でわかるような
仕分けをしていきましょう。

書類棚の資料を整理するには、書類ボックスとクリアファイルの併用がオススメです。まず、あなたの資料の種類を大別してみましょう。例えば営業系の仕事の場合であれば、「ヒアリングシート」「提案書」「見積書」の3種類に分けられるかもしれません。

その場合はまず、色違いの書類ボックスを3つ用意します。

さらに、それぞれの書類ボックスに入れる書類を会社別にしておきたいなら、透明クリアファイルに会社名を記載したラベルを貼り、収納しましょう。

各クリアファイルに目印となるシールを貼っておくのもオススメです。既存顧客は赤いシール、新規顧客は青いシール……などとルールを決めて貼っておけば、必要なときに簡単に区別できます。

「色分けする書類整理術で、探しモノをするムダな時間が劇的に減る！」

CHECK

あなたの現状は？

- □ 資料が整理されている
- □ 資料が整理されていない

ADVICE

紙の資料は整理をしても、どんどん増えていくものです。書類棚は洋服ダンスと一緒。入りきらなくなった時点で不要な書類を処分しましょう。

自分を動かすルール04

ファイリングする？　処分する？　迷ったら「とりあえずボックス」へ

「取っておくか捨てるか
即時に判断したいけれど、
いつも迷ってしまう……」。
そんな場合に
役立つ方法を紹介します。

必要な資料はすぐにファイルし、不要なものはシュレッダーなどにかけて処分します。でも、「もう少し取っておいた方がいいのかな?」と迷う〝グレーゾーン〟の資料もありますよね。そういった資料の行き場が決まっていないと、デスクの上に、あっという間に資料の山が出現してしまいます。

そんな場合にオススメの対処法は、「とりあえずボックス」を作ることです。ファイリングか処分か、すぐに判断がつかない場合は、とりあえずデスクの足元に設置した「とりあえずボックス」に入れます。そして、「月曜日の朝いちばんの5分」などとマイルールを決めて、ボックスにたまった資料をあらためて整理します。週をまたいでも特に必要性が感じられない資料は、ほとんどが不要なモノです。

すぐに決められない場合は「とりあえず」の処置を。迷いがなくなり、仕事がサクサク進んでいく!

CHECK

あなたの現状は?

- □ 捨てる・捨てないをすぐ決められる
- □ 捨てる・捨てないが決められない

ADVICE

「とりあえずボックス」は、足元の見えない部分への設置がオススメ。ボックスに入れたモノの整理の際にあらためて気になった資料は、ファイルするかスキャンすると良いでしょう。

自分を動かすルール05

あなたのバッグに入っている「使うかもしれない」を取り除こう

「もしかしたら
使うかもしれない……」。
そんな不安や心配から、
バッグの中が
必要以上のモノで
あふれていませんか？

通勤バッグに乱雑にモノを詰め込んでいる人がいます。バッグの中は、デスクと一緒であなたの頭の中をあらわしています。この機会にスッキリ整理しましょう。まず始めに、バッグの中身をすべて外に出して並べてみます。今のあなたにとって本当に必要なモノはどれですか？ 手帳、ノート、筆記用具、タオル・ハンカチ、スマホ、財布、定期券、折りたたみ傘など……限られたアイテムで十分なはずです。

次に必要なモノだけバッグの中に戻します。この時に「定物定置」（P.40参照）のルールを使います。定期券などよく取り出すモノはバッグの内側の小さなポケットに……など、「コレは必ずココに収納する」というルールを作るのです。そうすれば、必要な物をすぐに取り出せますし、忘れモノも防げるようになります。

「バッグの中も「定物定置」のルールで片付けを。そうすれば頭の中がスッキリ整理されてくる！」

CHECK

あなたの現状は？

- □ バッグの中が整理されている
- □ バッグの中がぐちゃぐちゃ……

ADVICE

「それでも持ち歩いてしまう」という人は、必要最低限のモノしか入らない小さなバッグに変えてしまうと良いでしょう。使わない文房具まで持ち歩く人は、小さなペンケースに変更を。

自分を動かすルール**06**

スマホのアプリを整理して、無意識の「ながら行動」を防ごう

私たちにとって最も身近なアイテムであるスマホとの上手な付き合い方が、自分を動かす環境整理の大きなカギを握っています。

〝無意識の余計な行動＝ながら行動〟は、「行動できる人」への階段を昇るうえでの大敵です。無意識の「ながら行動」の象徴と言えば、通勤途中や移動のスキマ時間に行う、スマホのSNSやゲームです。何となく立ち上げてハマってしまい、本来やっておくべきだった資料の読み込みができなかった……なんて経験はありませんか？

スマホのSNSアプリやゲームアプリの誘惑を断ち切りたいなら、思い切ってスマホからアプリを削除してしまいましょう。そうすれば、あなたの「ながら行動」はたちまちなくなります。それが無理なら、アプリのアイコンをできるだけ後ろのページへ移動させましょう。アプリをできるだけ立ち上げにくくすれば、「ながら行動」は自然に減っていくものです。

仕事に関係ないSNSやゲームの誘惑を断ち切り、自分で時間をコントロールする感覚をつかむ！

CHECK

あなたの現状は？

- □ スマホの「ながら見」に注意している
- □ スマホの「ながら見」がクセになっている

ADVICE

仕事に役立つニュースサイトのアプリをインストールしてトップ画面に置いておけば、それまでSNSやゲームに充てていた時間がニュースを見る時間へ変わりやすくなります。

自分を動かすルール07

T字に3分割するノート術で、情報を整理しながらメモしよう

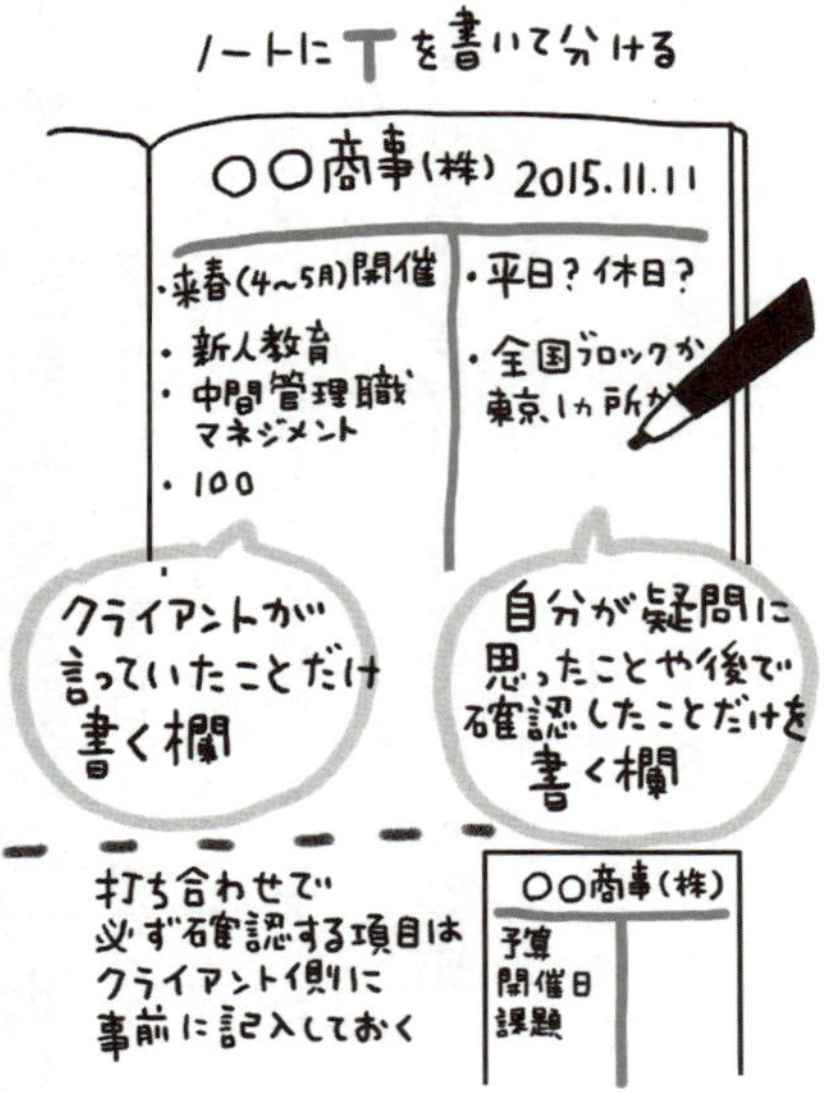

ビジネスパーソンにとって、
ノートや手帳の中身も
「環境」の一部です。
ここでは情報整理が
しやすいノート術を
紹介します。

ノートを取る時は、単に文字を羅列するのではなく、自分の使いやすいフレームを作ってから書き込むようにすると良いでしょう。その意味でも、無地のノートよりも方眼のノートをオススメします。

ここでは、営業職の方にオススメのノートの取り方を紹介します。

まず、ノートに「T」の字を書いて3分割します。いちばん上は、クライアント名と日付の記入欄です。左側の欄には、クライアントから聞いたことを書いていきます。

一方、右側の欄には、打ち合わせの途中で疑問に思った言葉やふと浮かんだ疑問などを記しておきます。そして打ち合わせが終わってから調べたことを書き加えておきます。ポイントは、「クライアントの発言」と「自分が思ったこと」をごちゃ混ぜにしないということです。

自分にとって使いやすいフレームを作ってから
ノートにメモすれば、自然と情報は整理される！

CHECK

あなたの現状は？

- □ ノートの取り方にルールがある
- □ ノートの取り方は決まっていない

ADVICE

クライアントに必ず聞く項目（予算、開催日、課題など）が決まっているならば、事前に左の欄に「予算／開催日／課題」の項目を作っておけば、聞き漏れが防げます。

自分を動かすルール08

フセンを使ったファイルシステムで、今の仕事に重要な名刺を選別しよう

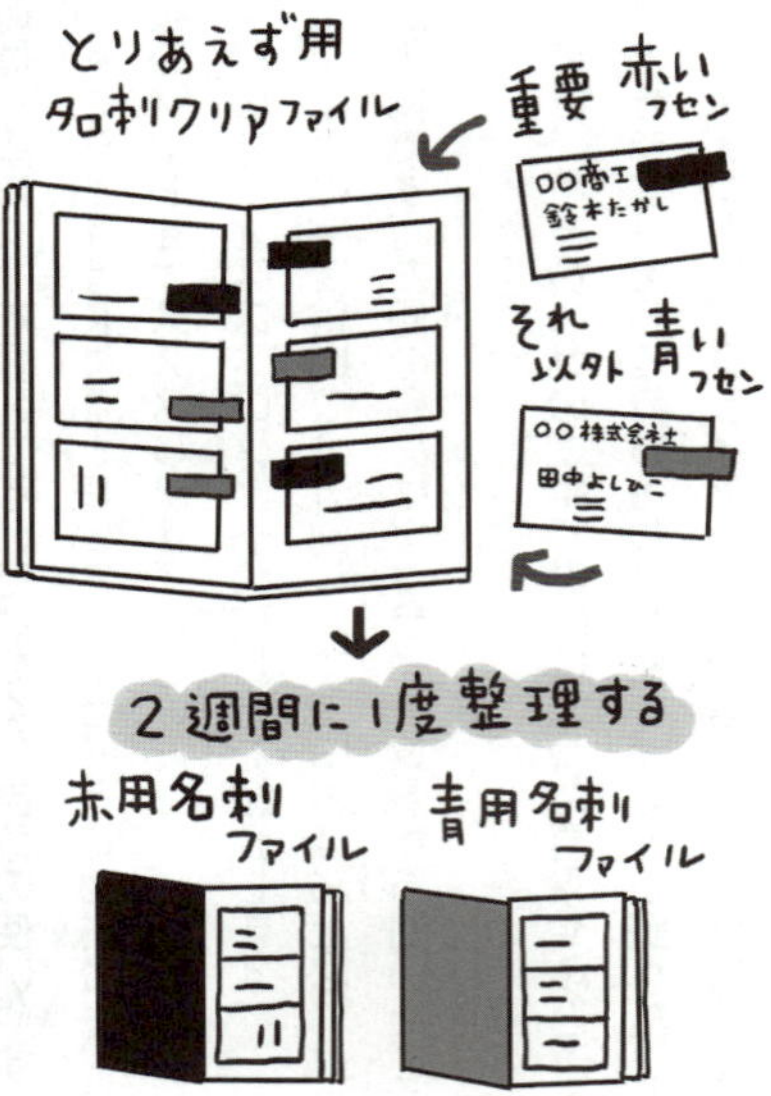

名刺は貴重な情報源ですが、
気がつくとどんどん
たまってしまいます。
色分けする名刺管理法で
仕事の効率が
格段にアップします！

ひと口に名刺と言っても「異業種交流会で名刺交換しただけの人」から「新しくお客さんになってくれそうな人」まで、重要度はさまざま。特に、たくさんの名刺を交換する職種の場合、「記憶がハッキリしているうちに簡単な方法で名刺を整理してしまう」ことが大切です。ここでは、オススメの名刺整理法を紹介しましょう。

まず、名刺用のクリアファイルを3つ用意します。そして、重要な名刺ならば赤のフセン、重要でないならば青のフセンを貼ってとりあえず1つのクリアファイルに挿していきます。赤のフセンのついた名刺を管理する名刺クリアファイル、青のフセンのついた名刺を管理する名刺クリアファイルを別々に用意しておき、2週間に一度たまった名刺をファイルし直すのです。この方法で重要な名刺をまとめておきましょう。

ビジネスにつながりやすい名刺を選別すれば、重要な情報だけをコンパクトにまとめられる！

CHECK

あなたの現状は？

- □ 名刺を整理する仕組みがある
- □ 名刺を整理する仕組みがない

ADVICE

最近では、法人向けのクラウド名刺管理サービスも発達しています。スマートかつ効率的にたくさんの名刺を管理したいなら、こういったサービスを利用するのもひとつの方法です。

自分を動かすルール09

PCデータの名前の付け方のルールを決めておこう

日々仕事をしていると
ワードやエクセルなどを
使って作成したデータが
増えていきます。
きちんと
整理されていますか？

ファイル名の記載のルールは決めていますか？

私の場合は、「[提案書] ㈱永岡商事御中20190510 Ver・1」のように「書類の種類／クライアント名／日付／Ver・○」という共通ルールですべてのデータに命名しています。この4要件を入れておけば、万が一どこにいったのかわからなくなっても、パソコンの検索機能を使えば探し出すことができます。

また、同じ日に書き直した書類でも上書き保存は行わず、必ず「Ver・○」を加えて新規保存していきます。そして、最終版となったものは「Ver・○」の代わりに「最終版」と記載し、それまでのバージョンの書類をすべて「[提案書] 株式会社○○御中オールドフォルダ」という名前のフォルダを作ってひとつにまとめてしまいます。

「ファイル名記載のルールを決めておけば、すぐにデータを探し出すことができる！」

CHECK

あなたの現状は？

- □ パソコン上のデータが整理されている
- □ パソコン上のデータが整理されていない

ADVICE

さまざまなデータは、デスクトップ画面ではなく、ドキュメントライブラリにフォルダを作成して保存しましょう。そうすれば、デスクトップ画面がとてもスッキリします。

自分を動かす
ルール10

頼まれた仕事のうっかり忘れは、フセンで「見える化」して防ごう

忙しい中で頼まれたことを
忘れずに実行したり、
予定に組み込んだり
するためのメモとして
フセンが有効です。

忘れないようにフセンにメモする――ここまでは誰もが行っていると思います。ここにもうひとつ、しっかりとしたルールを加えるとさらに良いでしょう。

例えば「○○さんに今日中に電話する」「明日15時までに提案書を課長に提出する」など、忘れてはいけない仕事をフセンに記入します。フセンに書いたら、A4のコピー用紙を1枚用意し、その上に貼ります。「実行したらフセンに大きく赤丸をつける」というルールを設けて、1日の終わりにはがして捨てます。

「明日以降に持ち越す仕事のフセンは捨てずに残す」というルールを設けて、机の引き出しなどに保管しておき、翌朝TO DOリストを作る際に反映させる……といった具合です。

「終わったら捨てる、未完了なら捨てずに残す！ そうすれば、うっかり忘れが確実に防げる。」

CHECK

あなたの現状は？

- □ 頼まれたことはきちんと実行している
- □ 頼まれたことをうっかり忘れることが多い

ADVICE

周囲の誰かに仕事をお願いする際、フセンに書いて渡せば行き違いが防げます。その際は、「よろしくお願いします」「助かります」など、温かみのあるひと言を添えるのを忘れずに。

自分を動かすルール11

枕元に明日の身支度を置いて、動きやすい朝環境を作っておこう

朝、起きてから家を出るまで
けっこう時間が
かかってしまう……。
そんな人が見直すべきは、
朝ではなく、
前夜の時間帯です。

朝の身支度に手間取ってしまい、遅刻しそうなことが多い――そんな人にオススメしたいのがこの方法です。

理由は2つあります。1つは、朝、迷う時間がなくなるから。実は、あなたは着替えるのに手間取っているのではなく、どれを着ようか服選びに手間取っている可能性が高いからです。

もう1つは、余計な行動に気を取られないから。起床して洋服ダンスまで行く間にテレビをぼんやり見続けたり、新聞を読んだりと、つい寝ぼけてだらだらと過ごしていませんか？　身支度を枕元に置いておけば、起きた途端、たとえ寝ぼけていても着替える行動に移れます。

こんなふうに自分が自然と動きやすい環境を作ってあげることが、とても大切なのです。

「服装に迷ったり、他のことに気を取られる時間をカットして、忙しい朝時間をスムーズに行動しよう！」

CHECK

あなたの現状は？

- □ 明日の身支度をしてから寝ている
- □ 明日の身支度をせずに寝ている

ADVICE

この方法は「夜走るので部屋にランニングウェア一式を用意して出社する」「帰宅後すぐに料理できるように、調理器具を一式用意して買い物に行く」などいろいろと応用できます。

自分を動かすルール **12**

勉強も、読書も、トレーニングも、取り組む場所を決めておこう

あなたは「この行動はこの場所でやる」と決めていますか？
行動を変えるときは
環境も変える——
これも重要な
“自分を動かすルール”です。

資格試験の勉強も趣味の読書も、同じデスクでやっていませんか？
私たち人間は、自分が過ごしている環境から大きな影響を受けています。そのため、行動内容を変えるときには同時に場所も変えると、あなたの気分が切り替わり、行動に集中しやすくなります。

英語の勉強は会社近くのカフェで、読書は自宅のリビングで、筋トレは自分の部屋で……といった感じで、まずは仮決めしてみましょう。そして、各々の場所でそれぞれの行動をとってみるのです。しっくりくるようなら、その場所でその行動を続けましょう。

リラックスして読書できるように観葉植物を飾る、筋トレムードを盛り上げるためにカッコイイ体型のモデルのポスターを貼る……など、楽しく環境作りをすれば、気分はさらに盛り上がります。

「行動ごとにふさわしい環境を選ぶことで気分にメリハリがつき、集中できる！」

CHECK

あなたの現状は？

- □ 行動によって場所を変えている
- □ 行動によって場所を変えてはいない

ADVICE

環境を整理するのと同じくらい、環境を変えるという発想も大切です。あのカフェに入ったら自然と英語の参考書を開いてしまう――そんなふうに行動と場所を結びつけられたら最高です。

Column

スモールゴール

スモールゴールとは、文字どおり「小さなゴール」のことです。

人は、「行動しよう！」と決意したときにはテンションが上がっています。そのため、今まで運動不足だった人でも、「明日から毎日10㎞走るぞ」などと、大きなゴールを目指そうとしがちです。その結果、「やっぱり無理そうだな」と始めることすらできなかったり、「やってみたけど大変だった……」とすぐに挫折してしまったりするのです。

特に行動の初期段階では「やれそうだ、やってみたい」と思えるような「スモールゴール」を目指しましょう。「明日から毎日10㎞走るぞ！」ではなく「明日から週に2回300m散歩してみよう」でOKです。

そのスモールゴールを達成したら、もう少しレベルアップしたスモールゴールを設定します。それを繰り返して、「明日から毎日10㎞走る」という最終ゴールを目指せばいいのです。

第2章

やる気はあるのに動けない…

行動を邪魔する「動けない習慣」を捨てるルール

やる気はあるのに
なかなか動けない……。
あなたの行動力を
邪魔するモノは何ですか？

目標達成に必要な「不足行動」をとりやすく、邪魔する「過剰行動」をとりにくくする

先のばしグセ、中断グセ、未完了グセ……なぜ私たちは行動する気持ちがあっても、なかなか始められなかったり、続けられなかったりするのでしょうか？

それをひもとくカギは、**「不足行動」**と**「過剰行動」**が握っています。

プロローグでも少し触れましたが、不足行動は、増やしたいと望んでいるのに増やせない行動、簡単に言えば「目標達成に必要な行動」のこと。一方、過剰行動は、減らしたいと望んでいるのに減らせない行動、簡単に言えば「目標達成を邪魔する行動」のことです。

「英語の勉強をしたいけど、テレビのお笑い番組を見てしまう」人の場合、英語の勉強が不足行動、お笑い番組の視聴が過剰行動にあたります。

このとき、意志の力で「いや、テレビを見ちゃダメだ。英語の勉強をしよう」と頑張ろうとしても、とても難しいのです。なぜでしょうか？

それは、過剰行動には「楽しい」「簡単」という特徴があるからです。

帰宅後のテレビ、通勤中のスマホゲーム、ダイエット中の甘いモノ……わかってはいるのにやめられないモノは、すべて楽しくて、誘惑にあふれています。だから、あなたの不足行動は、過剰行動にたやすく邪魔されてしまうのです。

つまり、行動できないのではなく、他の行動をとってしまっているわけです。

では、どうすればいいのでしょうか？

●**「不足行動＝目標達成に必要な行動」をとりやすい環境や仕組みを作る**

●**「過剰行動＝目標達成を邪魔する行動」をとりにくい環境や仕組みを作る**

簡単に言えば、この2つを実現すればいいのです。

自分の行動のクセを知ることが、行動を正しくコントロールするコツ

「不足行動＝目標達成に必要な行動」をとりやすい環境や仕組みを作る――難しそうに聞こえますが、実は意外と簡単。自分で「やれそうだな、やりたいな」と感じさせればいいのです。例えば、デスクの上に参考書と赤ペンを置いておけば、帰宅後すぐに英語の勉強に取りかかれます。

「過剰行動＝目標達成を邪魔する行動」をとりにくい環境や仕組みを作る――こちらは逆に、自分に「やりにくいな、やりたくないな」と感じさせることがポイント。例えば、テレビを無意識につけてしまうのをやめたいなら、テレビのコンセントを抜いてみます。いちいちコンセントを差すというひと手間を面倒に感じて、テレビを見なくなる可能性が高まります。

早起き、ダイエット、運動など、身近なことも題材にしながら、自分の行動を正しくコントロールするコツをつかんでいきましょう。

自分を動かすルール 13

何をやるにも数字と日時を必ず設定しましょう

1月1日までにあと5キロやせる！
日割すると1日で…
週だと…
いけそうな気がする…！

「一生懸命頑張る」
「絶対にやせる」などは、
行動科学マネジメントでは
目標とみなしません。
数字と日時を入れることで、
初めて目標とみなします。

「どんな行動をとるときも数字と日時を忘れないでくださいね」。これは私の主催するセミナーの参加者によくお伝えする大切なコツです。

「絶対にやせる」という言葉は、目標のように見えますが、行動科学マネジメントでは目標とみなしません。なぜならば、達成したかどうかを計測できないからです。どこまでいけば達成なのかが決まっていなければ、どんなふうに行動すればいいのかわからないですよね？

つまり、目標が曖昧だと、人は行動しにくくなってしまうのです。でも、ここに数字と日時を加えて「○月○日までに絶対にあと○キロやせる」としたら、達成したかどうかを測れるようになります。

ですから、日常のどんな行動でも数字と日時を設定するよう意識していると、サクサク行動できる人に近づきます。

「数字と日時を設定し、目標を明確にすれば、何をすればいいのかわかり、行動しやすくなる！」

CHECK

あなたの現状は？

- □ 数字と日時を設定している
- □ 数字と日時は設定していない

ADVICE

期限を設けると行動が促進されることを「締切《しめきり》効《こう》果《か》」と呼びます。期限までに行動を完了して、爽快感を十分に味わいましょう。そうすれば次も期限までに終わらせたくなります。

自分を動かすルール14

集中したいなら手が届くところに"誘惑するモノ"を置かない

仕事デスクの上に
スマホ、勉強デスクの脇に
マンガ……
あなたのとるべき行動を
邪魔するモノが
近くにありませんか?

この章の冒頭でも、目標達成を邪魔する行動、つまり「過剰行動」について触れましたが、これはあなたを誘惑する過剰行動をとりにくくするためのメニューです。

あなたの周りに「ついつい……」というモノはありませんか？　資料作りが進まなくて、ついついスマホに手が伸びてしまう。勉強する気がおきなくて、ついついマンガを手に取ってしまう。ランニングする気がわかなくて、ついついテレビのリモコンを握ってしまう……それが誘惑するモノ、あなたの行動を邪魔するモノです。

スマホはバッグにしまう、マンガは押し入れにしまう、テレビのリモコンを戸棚にしまうなどのひと工夫で、その「ついつい……」をしにくくすればいいだけです。

「ついつい……」をしにくくするひと工夫で、本来とるべき行動に集中できるようになる！

CHECK

あなたの現状は？

- □ 誘惑するモノが近くにない
- □ 誘惑するモノが近くにある

ADVICE

「仕事に取りかかるまでが遅い」という悩みを持つ人は、このメニューを取り入れてください。仕事に取りかかるまでに何をしていますか？　過剰行動を抑制するひと工夫をしてみましょう。

自分を動かすルール15

"なんとなく行動"は、オフタイマー機能で強制終了！

なんとなくやってしまい、
なかなかやめられない行動。
それを確実にストップさせる
オススメの方法が
"強制終了"です。

「朝の忙しい時間に、なんとなくテレビを見続けてしまった」――そんな〝なんとなく行動〟に悩んでいる人は多いようです。とはいえ、いきなり「テレビを一切見ない」というのは、あまりにも難しい目標です。そんなときは、外部の力を借りて、強制終了してしまいましょう。

例えば、テレビには「オフタイマー機能」が備わっていて、リモコン操作ひとつで「今から何分後に電源がオフになる」という設定ができます。「テレビは1日1時間だけにしよう」と決めたら、電源をオンにするとともに、オフタイマーを1時間後に設定しましょう。そうすれば、あなたの意志に関係なくテレビの電源を切ることができます。

「なんとなく音楽を聴いてしまう」「なんとなくネットサーフィンしてしまう」という人も、オフタイマー機能を上手に使えば防止できます。

オフタイマー機能を活用して強制終了すれば、意志に頼らず〝なんとなく行動〟を減らせる！

CHECK

あなたの現状は？

□ 〝なんとなく行動〟は少ない方

□ 〝なんとなく行動〟をよくとってしまう

ADVICE

帰宅後すぐにテレビをつける習慣をやめたい人は、テレビのコンセントを抜いて出かけましょう。コンセントを差すのが面倒になり、テレビをつける習慣がなくなります。

自分を動かすルール **16**

「つい〜してしまう」過剰行動は、環境をちょっと変えることで防げる

「甘いモノを食べ過ぎてしまう」
「缶コーヒーを
飲み過ぎてしまう」などの
過剰行動は、
案外簡単な方法で
予防できます。

例えば、仕事の休憩時や帰宅後、ついつい衝動買いしてしまうお菓子。「あーあ、お菓子さえ我慢できれば、太ることもないんだけどな」という人もいるのではないかと思います。甘いモノという誘惑を目の前にしながら、「絶対に食べないぞ！」と頑張るのは難しいでしょう。だったら、食べるよりも手前の段階、つまり「お菓子を買う」という行動に注目して、買えなくしてしまえばいいのです。

あなたがお菓子を買ってしまうのが、帰宅途中のコンビニだとします。では、コンビニを通らないコースで帰ったらどうでしょう？　お店がないのですから、あなたはお菓子を手に入れられなくなるわけです。「自販機の前を通ると缶コーヒーを買ってしまう」という人は、その前を通らなければ、缶コーヒーを買う回数が減るのです。

「つい〜しちゃうんだよな……」の手前の段階で環境を変えてしまうのが、過剰行動を減らすコツ！

CHECK

あなたの現状は？

□「つい〜してしまう」ということはない
□「つい〜してしまう」ということが多い

ADVICE

過剰行動を減らす方法として紹介しましたが、これは不足行動を増やす方法としても使えます。例えば、読書量を増やしたいなら、本屋さんの前を通るコースで帰宅すればいいのです。

自分を動かすルール 17

就寝30分前にはテレビ、スマホ、パソコンを見ないようにしよう

寝る直前まで
スマホやパソコンの
光（ブルーライト）を浴びると、
眠りも浅く、
目覚めも悪くなります。
あなたは大丈夫ですか？

これは眠りの浅い人、目覚めが悪い人などに特にオススメしたい方法です。深い眠りに就くには、心身をリラックスさせ、副交感神経を優位にする必要があります。ところが、テレビ、スマホ、パソコンの画面が放つ光（ブルーライト）は交感神経を刺激してしまうのです。

就寝30分前からこういったモノを一切見ないようにするには、ひと工夫が必要です。例えば、あなたが眠りに就く時間が23時だとしたら、22時30分に時計のアラームをセットし、アラームが鳴ったらすべての電源をオフにしてしまいましょう。

特にやっかいなのはスマホです。枕元でスマホを充電すると、眠る直前までスマホを見てしまいます。枕元からできる限り遠い場所で充電をするだけでも、スマホを手放す時間が早まります。

「アラームの設定やスマホの充電場所を変えるだけで、ぐっすり眠れ、気持ち良く目覚められる！」

CHECK

あなたの現状は？

- □ 就寝30分以上前からスマホなどは見ない
- □ 寝る直前までスマホなどを見ている

ADVICE

就寝30分前はリラックスする時間に。第4章のルール49「今日の良かったことを3つ思い浮かべ、心地良い気分で1日を終えよう」(P.152参照)と組み合わせて習慣化することをオススメします。

自分を動かすルール 18

行動したら〝ごほうびシール〟を、行動しなかったら〝ペナルティシール〟を

誰でも簡単に用意できる
ごほうびと
ペナルティをうまく使って、
自分の背中を自分で
上手に押して
あげましょう。

行動科学マネジメントには、〝ごほうび〟と〝ペナルティ〟という考え方があります。自分にとって望ましい行動をした場合はごほうびを与え、逆に行動しなかった場合にはペナルティを与えます。そうすると人は、自然と望ましい行動をとるようになるのです。

ごほうびやペナルティは、ほんのちょっとしたモノでOKです。オススメは、文房具店などで市販されているカラフルなシール。2種類のシールを用意し、予定どおりランニングした日にはカレンダーや手帳にごほうびシールを貼り、しなかった日にはペナルティシールを貼る。もちろん、カレンダーに○×を書き込むだけでもOKです。

夏休みのラジオ体操でスタンプが増えていくとうれしかったですよね？　まさにあの感覚です。気軽な気持ちでやってみてください。

ごほうびをもらうとうれしくてまた行動したくなる。そんな人間の心理を生かして自分を乗せて行動させる！

CHECK

あなたの現状は？

- □ ごほうび、ペナルティを取り入れている
- □ ごほうび、ペナルティを取り入れていない

ADVICE

ゲーム感覚で行い、自分を楽しくさせるのが目的です。ペナルティシールを貼ることで「自分はダメだなあ」という気持ちが強くなってしまう人は、ごほうびシールだけでOKです。

自分を動かすルール **19**

完璧を求めすぎずに“ゆるいマイルール”を設けよう

今日からダイエットのために甘いモノ禁止
禁止…ってムリ！
早い
15時のおやつにちょこっとならOK
ホ

「絶対に～しない！」と
無理な目標を立てて、
自分が苦しくなってしまう
ことがありませんか？
それをゆるめる
ルール設定の技術です。

「ちょっと体重が増えてきたから、1ヵ月間ビール断ちをしよう」と決めて取り組んだものの、3日目で挫折して飲んでしまった。そして、決めたことを守れなかった心の弱さに自己嫌悪……。仕事で、趣味で、健康作りで、似たような経験をしたことはありませんか？

なかでもお酒やスイーツ、タバコなどの嗜好品は、なかなかやめられないものです。でも、好きなモノを「完全にやめよう」とするのはかなりハードな目標なので、守れないことが多いのです。

そこで、「どうしても飲みたいときは1杯だけ飲める」といった、少しゆるいマイルールに設定し直して、逃げ道を用意しましょう。どうにも我慢できなくなったら飲めるわけですから、自分の気持ちが楽になり、むしろ好結果につながることが多くなるのです。

「〜だけOK」というゆるやかなルール設定にすると、気楽に取り組めて逆に成功率が高まる！

CHECK

あなたの現状は？

□ マイルールを設けている

□ マイルールは設けていない

ADVICE

「仕事が進まないときは10分だけ休憩してOK」「1週間のうち2日は自炊せず、外食にする」など、「〜だけはOK」「あえて〜しない」を使った"ゆるいマイルール"はいろんなケースで活用できます。

自分を動かすルール20

苦手意識の強い作業ほど頑張らず、参考になる「テンプレート」を探そう

苦手な作業をゼロから
やろうとしていませんか？
書類作成が苦手なら、
ビジネス文書のテンプレート
（文章のひな形）を
活用しましょう。

苦手意識が強い作業なのにゼロから自分でやろうとして、他の作業の何倍もの時間と手間がかかってしまう……これでは悪循環です。

例えば、ビジネス文書。企画書、見積書、契約書などさまざまな書類があります。これらを作ることになれていない場合は、まずテンプレートを探しましょう。社内にテンプレートがない場合は、書籍やネットで探せば見つかるはずです。

メールの内容も同じ。お礼状の文面、聞かれる頻度の高い質問への返答の文面なども、テンプレートを探しておきましょう。

よくできたテンプレートを探し、それを土台に使いやすいようにアレンジしましょう。そうすれば、できるモノの質も、作業効率も飛躍的にアップします。

「テンプレートを土台にアレンジを加え、質を高めよう！
それらを活用することで、ムダな時間をカットできる！」

CHECK

あなたの現状は？

- □ テンプレートを活用している
- □ 何でもゼロから自分で作りがちだ

ADVICE

上手なメール設定も、ムダな時間を削るコツの1つです。署名機能（会社の連絡先をメールの最下部に自動表示する）やラベル機能（メールの重要度を示す）などを使いこなしていますか？

自分を動かすルール21

気乗りしないときは、行動レベルをグンと下げてみよう

今日はまず買った参考書を袋から出すだけでも…
Book

疲れたり、忙しかったりで
気乗りがせず、
予定どおりに
行動できそうにない……。
そんなときに
オススメしたい方法です。

勉強、ダイエット、スポーツなどを続けようとすると、疲れたり、忙しかったりで、どうしても気乗りがしない日は必ずあります。

そういう場合は、行動レベルをぐんと下げてみましょう。例えば、「英会話の参考書を10ページやると決めていたけど、気乗りがしない」。そんなときは「参考書を開くだけ」でOKにしてみるのです。

参考書を開いてみて「やっぱりこれ以上は無理だな」と思ったら、その日はそれで終了。「とりあえず少しだけやってみよう」と思えたら1ページだけやってみるのです。その結果、「予定どおり10ページやれてしまった」ということもよく起こります。

「まったく何もやらない」は何も生みませんが、「ちょっとだけやってみる」は次の行動につながる可能性があるのです。

気乗りしないときでもできてしまう簡単な行動からスタートすると、意外と最後までいける可能性が！

CHECK

あなたの現状は？

- □ 気乗りしないときでも少しは動いてみる
- □ 気乗りしないときはまったく動けない

ADVICE

「ランニングしたくないときは、ウェアだけ着てみる」「部屋の掃除をしたくないときは、テーブルの上だけ拭いてみる」など、行動レベルを下げてみましょう。体がサクサク動き出すかもしれませんよ。

自分を動かすルール22

自分の行動を写真や動画で撮り、客観視してみよう

自分のことは
自分が一番わかっている
と思いがちですが、
普段の自分の行動を客観的に
見たことがない人は
多いのではないでしょうか？

現状を正しく知って、人は初めて正しい改善策を取ることができます。ですから、行動科学マネジメントでは「自分の現状を正しく知る」ということをとても重要視しています。そのために有効活用したいのが、写真や動画です。特にオススメしたいのが動画。スマホのムービー機能などを使って、自分を撮影してみてください。

例えば、ランニングをしている人は、自分が走っている姿をビデオで撮影してみましょう。すると「思っていたよりも腕が振れていないんだな」「想像よりも猫背の姿勢で走っているな」など、自分でも驚くほどの情報が手に入ります。思っていたよりも腕が振れていないとわかれば、「よし、肩甲骨回りを柔らかくするストレッチを取り入れよう」といったアイデアが浮かび、次の行動につながっていきます。

動画撮影で自分の現状を知り、次につながる改善ポイントを見つけよう！

CHECK

あなたの現状は？

□ 自分を客観視できている
□ 自分を客観視できていない

ADVICE

状況が許せば、仕事中や家での過ごし方を一定時間動画撮影してみるのもおもしろいですよ。「意外とタイピングが遅い」「肘をついてテレビを見ている」など思わぬクセに気づけます。

自分を動かすルール23

「何をしようか？」をなくすために、次にやることを決めておこう

早起きしたのに、
二度寝してしまった……。
それは早起きだけが
目的になっているから。
早起きして
やりたいことは何ですか？

早起きしようと決めて、いつもより1時間早く起きた。でも結局、二度寝してしまった——という経験は誰でもあると思います。

では、なぜ二度寝してしまうのでしょうか？　大きな理由の1つとして挙げられるのは「暇だから」。1時間早く起きたものの、特にやることがない。暇だなあ、何だか眠くなってきたし、寝ようかな……となってベッドに舞い戻ってしまうのです。

これを防ぐには、「起きた後にすること」を決めてしまうのが有効です。起きたらすぐに英会話のラジオを聴き始めるのでもいいでしょう。早く家を出て、カフェで新聞を読むのでもいいでしょう。朝活に参加するのもいいでしょう。もちろんのんびりするのが目的でもOKです。

行動予定を入れ込んでおけば、二度寝のリスクは軽減できます。

「暇」は行動を邪魔する大敵！　次にとるべき行動をあらかじめ決めておけばスムーズに次へと進める！

CHECK

あなたの現状は？

- □ 予定を立てて行動している
- □ 暇をもてあますことがよくある

ADVICE

休日の過ごし方もまったく同じです。「何をしようか考えているうちに、外出もしないまま夕方になっていた……」といった事態を避けたい人は、前日までに予定を立ててしまいましょう。

自分を動かすルール**24**

メールをチェックする時間、返信する時間を決めてしまおう

着信があるたびに
メールを開いて
返信していませんか？
メールのチェック＆
返信タイムを決めると
時間にゆとりが生まれます。

メールの着信があるたびに、取りかかっている作業を中断し、そのメールを読み、対応していませんか？　もしもそうだとしたら、1日でメール対応に充てている時間はどれくらいか把握していますか？　思い当たる人は、メール対応を改善していきましょう。

　では、どうすれば良いのでしょうか？　メールを読む時間帯、メールを返信する時間帯を仮決めしてしまうのです。例えば「メールを読むのは9時と15時の1日2回（各15分ずつ）。『要返信』のメールにはフラグ（旗マーク）をつけ、返信は11時と17時の2回（各15分ずつ）にする」といった具合です。メールのように一方的に届く情報は自分でコントロールが効きません。その都度いちいち対応せず、できるだけひとつにまとめてしまいましょう。

メール対応の時間を決めてしまうことが、「なんとなくダラダラ……」をやめる第一歩になる！

CHECK

あなたの現状は？

- □ メール対応の時間を決めている
- □ メールが届くと、その都度対応している

ADVICE

メールにはフラグ機能があります。「要返信」のメールには、必ずフラグを立てておきましょう。ポチッとクリックするだけで、自分がこの後とるべき行動を「見える化」できます。

自分を動かす
ルール25

何を調べたいかを3分で考え、書き出してから検索開始！

パソコンで検索を
しているうちに、
自分は何を調べていたのか
忘れてしまう……。
そんなムダ時間を
なくすための方法です。

ある情報を調べたくて検索サイトをあたっていたら、別の気になる記事を発見！　おもしろい記事ではあったものの、読んでいるうちに「あれ、自分はいったい何を調べてたんだっけ……」と思うことはありませんか？

ネットサーフィンは楽しいので気持ちはよくわかりますが、時間がムダに過ぎてしまうばかりです。そうならないために「何を調べたいのか？」をしっかり書き出してから、検索を開始しましょう。

まず、3分という制限時間内で、調べたいことをできるだけ具体的に書き出します。「商品の消費傾向」なのか、「A社の商品の売上推移」なのかで調べ方も大きく違ってくるはず。目的を明確にしてから検索を開始すれば、情報収集の精度が飛躍的に高まります。

「何を調べたいのか？」を見失わなければ、見つけたい情報に一直線に向かえるようになる！

CHECK

あなたの現状は？

- □ 調べたいことを常に念頭に置いている
- □ なんとなく検索をしていることが多い

ADVICE

検索作業では「もう少しで情報がヒットするかも」と思って、ズルズル作業をしがちです。「10時00分〜10時30分で検索」といった形で開始時間と終了時間を決めておきましょう。

不足行動と過剰行動

不足行動は「目標達成に必要な行動」のこと、過剰行動は「目標達成を邪魔する行動」のことです。

例えば、「資格試験の勉強をしたいけど、残業が多くてなかなかできない」という人ならば、資格試験の勉強が不足行動、残業が過剰行動にあたります。「～したい」と思っていることが不足行動、「～だけど」の後に続くことが過剰行動、という覚え方でもいいでしょう。

この人の場合、「会社帰りにお気に入りのカフェに立ち寄って参考書を開く」など、資格試験の勉強がしやすいマイルールを設けます。さらに、職場では「定時1時間前になったらアラームを鳴らし、ラストスパートをかける」など、残業が減るようなマイルールを設ければ、よりいっそう効果的です。

つまり、不足行動を上手に増やしていき、過剰行動を上手に減らしていくことが、行動力を強化する秘訣なのです。

第3章

自分を乗せてサクサク動く！

自発的に「行動するクセ」が身につくルール

サクサク行動できてしまう人は、自分を乗せるのが上手い人です。

ごほうび&ペナルティ、スモールゴールを有効活用して自分を乗せる!

行動科学マネジメントとは、「やらなきゃいけない行動」を、ちょっとした仕組みで簡単に「やりたい行動」に変えて、自分を乗せる手法――プロローグでそうお話しました。

自分を乗せるために知っておいてもらいたい、行動科学マネジメントの2つの代表的な考え方があります。それは**「ごほうびとペナルティ」**、**「スモールゴール(小さな目標)」**です。

ごほうびとペナルティは、不足行動と過剰行動(P.65参照)のコントロールに有効です。

例えば、予定どおりランニングをしたら自分にごほうびを与え、ランニングをサボったら自分にペナルティを与えます。ごほうびといっても、お金がかかるものだと続けられません。カレンダーに○印を書くなど、行動したことが目に見えるようにするだけで十分なごほうびとなります。逆に、ペナルティも×印を書くなどでOKです。自分を乗せるための仕組みなので、ゲーム感覚で楽しく取り組むことが大切です。

スモールゴールとは、文字どおり小さなゴールのことです。運動不足の人がいきなり「10㎞のランニング大会で完走してください」と言われたら、「できるかな……」と不安になりますよね。でも、「最初の3日間は、300ｍ歩くだけでいいですよ」と言われたらどうですか？　これなら「できそう」と思えますよね。

「できるかな？」「終わるかな？」と立ち止まって悩まず、「やれそうだな、やってみよう」と思えるゴールを設定してそこまで進んでみる――サクサク行動できる人は、スモールゴールの設定が上手い人です。

行動予定には具体的な数字を盛り込み、達成・未達を誰でも判断できるようにする

「行動」という言葉の定義についても、ここで触れておきます。

行動科学マネジメントでは、「数字などを盛り込んで具体化し、達成・未達を誰でも同じ

ように判断できるもの」を「行動」とみなします。

「一生懸命やる」「頑張る」といった、個人の主観によって意見が分かれるものは「行動」とみなしません。あなたは「一生懸命やった」と思うかもしれませんが、上司が見たら「一生懸命やっていない」と感じるかもしれないからです。

では、「15時までにお客様に企画書をメールで送付する」といった内容だったらどうでしょうか？　これなら、目標時間が明確なので達成したか未達か、誰でもはっきり判断できますよね。

サクサク行動できる人になるための改善策を考えるには、まず現状分析、つまり「TO DO」と「実際の行動」を照らし合わせる作業（＝振り返り）が必要です。TO DOが曖昧なままでは、振り返りができません。この章では、TO DOを具体化してから実行に移していく仕組み作りについても、しっかり学んでいきましょう。

自分を動かすルール26

誰でも確認できるレベルまでゴール設定を具体化しよう

第三者でも確認できるように
ゴール設定を具体化すると、
作業の「完了／未完了」が
明確になり、
うっかりミス、
やり損ねが減ります。

例えばあなたが「今日中に資料を完成させよう」と思ったとします。けれども、何をもって「完成」とするのか、実は人によって定義が曖昧です。例えば、「完成」＝「上司に資料を提出し、今日の17時までにOKをもらう」とすればどうでしょうか？　「今日の17時までに」という締め切りと「上司からOKをもらう」というゴールを具体的に設定したことで、「完成」したかどうかは明らかになります。

作業完了のゴール設定を明らかにする習慣を身につけると、お互いの認識の食い違いが防げます。例えば、上司から「夕方までに資料作っておいて」と頼まれたときに、「18時までに一度見ていただけるよう進めればいいですか？」「いや、16時までにお願いしたい」といったやりとりで目的が明確になり、ゴールを共有できるからです。

「夕方までに」「月末くらいに」などの曖昧表現は避け、作業の目的や締切などを具体的に設定しよう！

CHECK

あなたの現状は？

- □ ゴールを具体的に設定してから行動している
- □ ゴール設定が曖昧なまま行動してしまう

ADVICE

ゴールを具体的に設定するには、まず「ゴールした場面の光景を頭の中で想像してみる」こと。何日の何時に、どこで、どんな状態になっていますか？　それを書き出してみましょう。

自分を動かすルール27

始業前に「TO DOリスト」を作り、業務を○×印で仕分けよう

TO DOリスト
○ 営業回り
○ A社の資料作成
× B社のサンプル発送
○ 13時 社内会議
× 営業資料の整理
おはよー

1日の行動を
「見える化」する上で
重要なのは
「TO DOリスト」の作成です。
あなたは毎日
作っていますか？

「TO DOリスト」を作成する上で大切なポイントが3つあります。

1つめは「始業前の5～10分程度の短い時間で、意識を集中させて作ること」です。そして、始業とともに即業務に集中しましょう。

2つめは「今日やる予定の業務を思いつく限り紙に書き出すこと」です。「もしかしたら明日やればいいのかな？」と迷う業務も、いったん書き出しましょう。

その上で3つめの「書き出した業務を○×の2段階で分ける」作業を行います。○印は「今日中に必ずやる」、×印は「必ずしも今日中にやらなくてもいいこと」を示します。多くの人は、「自分がやりやすい業務」から先にやろうとする傾向があるため、どの業務が○か×か、仕分ける作業がとても重要になります。

「TO DOリスト」に○と×をつければ、今日の仕事の流れがすっきり「見える化」される！

CHECK

あなたの現状は？

- □ TO DOリストを毎日作っている
- □ TO DOリストを毎日は作っていない

ADVICE

忙しい人は、×印をつけることが特に重要です。○×の仕分けは、仕事だけでなく資格試験勉強や家事などでも大きな効果を発揮します。さまざまな場面で活用してみてください。

自分を動かすルール28

「TO DOリスト」を元に1日のスケジュールを3分割してみよう

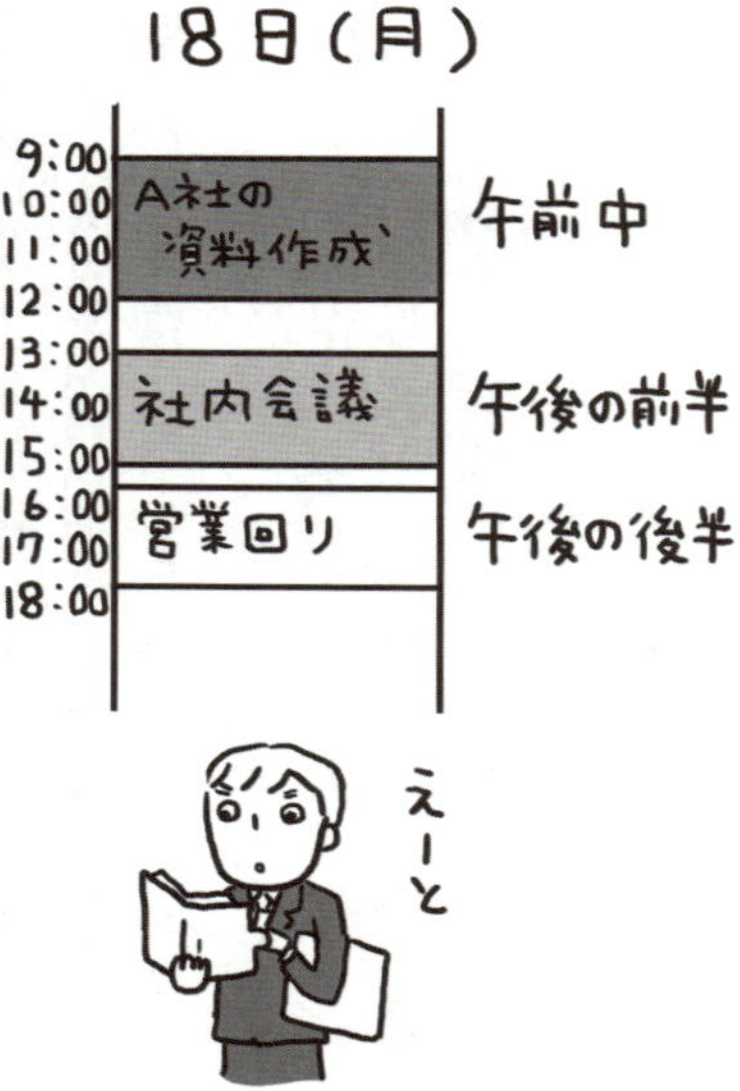

始業前に
「TO DO リスト」を
作成することに慣れてきたら、
次は1日のスケジュールを
作ってみましょう。

「TO DOリスト」を○×で仕分けるのに慣れたら、1日のスケジュールに落とし込んでみます。始業前の5~10分の短い時間を使って行いましょう。

まず、スケジュール帳を用意して、1日のスケジュールを午前中／午後の前半／午後の後半の3つの枠に分割します。

そして、「午前中／A社の資料作成」「午後の前半／社内会議」「午後の後半／営業回り」といったように、○印のついた業務からスケジュールを割り振っていきましょう。1つの枠に1つの仕事だけを入れる必要はありません。いくつ入れてもOKです。

「TO DOリスト」を3つの枠に割り振るだけで、仕事を効率よく進められるスケジュールが完成してしまいます。

3つの枠に「TO DOリスト」を割り振ることで、1日の時間の流れが自然とイメージできる！

CHECK

あなたの現状は？

- □ 1日のスケジュールを3分割している
- □ 1日のスケジュールを3分割していない

ADVICE

3分割でスケジュール作成できるようになったら、次は6分割、1時間単位など、枠を細かくしていきます。某有名IT企業では、実際に15分単位でスケジュールを組んでいるそうです。

自分を動かすルール29

始めの一歩が踏み出せないときは、「お試し」で行動レベルを下げてみよう

「うまくできなかったら
どうしよう」
「続けられなかったら
どうしよう」と
思い悩みがちな人に、
特にオススメしたい方法です。

始める前から「失敗したらどうしよう」と思い悩んで一歩目を踏み出せない……そんな人がたくさんいます。例えば、「英会話学校に通いたい気持ちはあるけど、仕事が忙しいので通い続ける自信がない」といった人です。そのような方々にオススメしたいのは、「お試しコース」を有効活用すること。「これならできそう」という範囲まで行動レベルを下げ、一度行動してみた上で判断を下せばいいのです。

この考え方は、「完成までにどれくらい時間がかかるんだろう?」と不安に思うような仕事をする際にも有効です。例えば、数百人分の資料のホチキス止め作業があったとします。これを5人分だけ「お試し」でやってみて、タイムを計測しておきます。そうすれば全体の作業時間が推測でき、漠然とした不安から逃れられます。

頭でっかちで行動できなくなってしまう人は、「お試し」で軽やかな一歩を踏み出そう!

CHECK

あなたの現状は?

- □ フットワークはいいタイプだ
- □ 始めの一歩を踏み出せないタイプだ

ADVICE

大きな目標を掲げても、実際に行動ができないのであればまったく意味がありません。その場合、まずは行動レベルを下げ、自分自身が気楽に動けるようにしてあげましょう。

自分を動かすルール30

3分間手が止まったら、「わからない」というSOSサイン

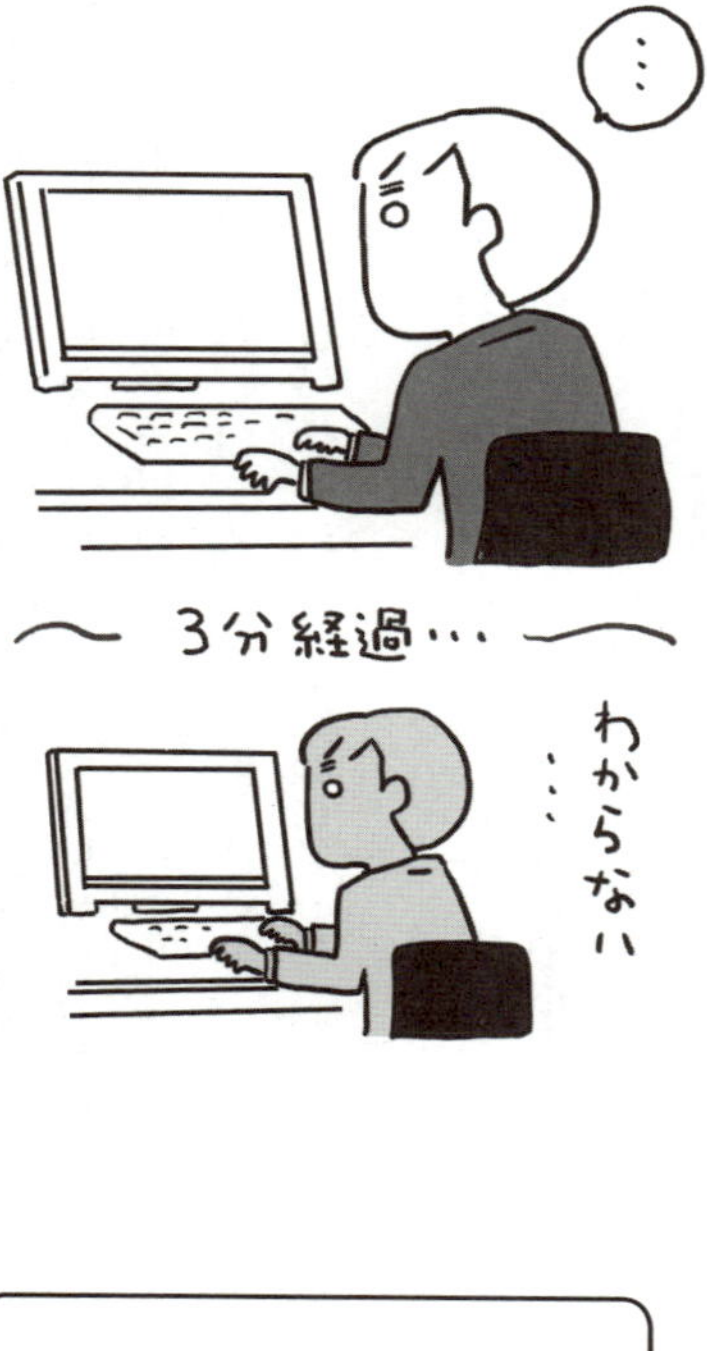

この方法を
活用することで、
「デスクで考え込んだまま
長い時間が経ってしまった」
という事態を
防ぐことができます。

作業がうまく進まないのは、何かがわかっていないせいです。けれども、1人でパソコン作業に没頭しているときには、自分がそんな事態に陥っていることになかなか気づけません。これを防ぐためには、「あ、自分は今、何かがわからない状態なんだ」と気づけるマイルールを作っておくことです。

例えば、パソコンを使って業務報告書を執筆しているものの、何をどう書いていいかわからず、キーボードを打つ手が長い間止まってしまったとします。「明らかに3分以上は自分の手が動いていないな」と感じたら、それは何かがわかっていないサイン。そのままデスクに座っていても仕事が進まないので、とにかく1度デスクから立ち上がり、気分をリフレッシュしましょう。

自分の「わからない……」というSOSサインに気づければ、「もうこんな時間!?」という時間のムダ使いが減る！

CHECK

あなたの現状は？

□ 作業が進まないときは気分転換している

□ 作業が進まないと考え込んでしまう

ADVICE

3分間はあくまでもひとつの目安です。仕事の内容で、時間は違ってくるでしょう。大切なのは、自分の「今わからない」という状態に、自分自身で気づけるルールを持っておくことです。

自分を動かすルール31

終業1時間前にアラームを鳴らし、時間管理の意識を高めよう

あなたは残業が
多い方ですか？
もしもそうならば、
作業効率を高めるために、
ぜひこの方法を
取り入れてください。

終業時間になってから「お、もうそんな時間か！」と気づく人と、終業1時間前に「お、あと1時間か！」と気づく人。一見似ているようですが、時間に対する意識はまったく異なります。後者の方が意識が断然高いことは、皆さんおわかりですよね？

そこで、ケータイのアラーム機能などを活用して、終業1時間前にアラームをセットしてみましょう。そしてアラームが鳴ったら、「『TO DOリスト』に○印をつけた業務はすべて終わっているか？」など、今日の仕事の進捗状況について簡単に振り返りをしてみます。

その上で、残りの1時間の使い方を考え、仕事を再開して、ラストスパートをかけるのです。そうすれば1時間の作業密度が濃くなり、生産性がグンと高まります。

「あと1時間しかない」という意識を自分に与え、残り1時間の行動を加速させよう！

CHECK

あなたの現状は？

□ 終業1時間前を意識している
□ 終業1時間前を意識していない

ADVICE

忙しいと嘆いているだけでは、残業はなかなか減りません。アラームを鳴らすことで「制限時間まであと1時間！」と時間管理の意識が高まり、仕事の進め方の意識も変わっていくでしょう。

自分を動かす ルール32

1日の仕事を予定どおり完了できたら、自分にプチごほうびを与えよう

1日を振り返る時間を
持つことは、
行動できる人になる上で
とても重要です。
必ず振り返りを
行いましょう。

ルール27（P.102参照）で「TO DOリスト」を作りましょう、というお話をしました。そのリストを元に1日の終わりに振り返りを行いましょう。○印をつけた仕事がすべて完了した場合は、あなたの気分が上がるごほうびを自分自身に与えましょう。なぜなら、ごほうびはあなたの行動を強化してくれる効果があるからです。

　ごほうびは、お菓子をひと口食べる、大好きな曲を聴く……など、あなたがうれしくなるモノやコトであれば何でもOK。手帳やカレンダーに花マルを描いたり、シールを貼るだけでも十分効果が期待できます。お金をかけずに、楽しいプチごほうびを設定しましょう。

　行動が完了したら、なるべくすぐにごほうびを。与えるタイミングが早ければ早いほど、行動は強化されていきます。

とるべき行動を完了したら、できるだけすぐに自分にごほうびを与えて行動強化をはかろう！

CHECK

あなたの現状は？

- □ 毎日の行動を振り返っている
- □ 毎日の行動を振り返ってはいない

ADVICE

ごほうびは、お金をかけず、簡単に用意できて、すぐに自分に与えられるモノを選びましょう。そういったごほうびでないと、与え続けるのが難しくなってしまうからです。

自分を動かすルール33

1日の仕事が未完了だったら、自分にプチペナルティを与えよう

1日の仕事が予定どおりに
完了できない日も
出てきます。
その際に重要なのが
「自分にペナルティを与える」
という方法です。

予定どおりに行動を完了した場合には自分にごほうびを与えよう、というお話をしました。逆に未完了の日は、自分の設定したプチペナルティを実行し、悔しさを思い切り味わってみてください。

例えば、「大好きなテレビ番組を見られない」をペナルティに設定した人は、「あーあ、予定どおり終わらせていれば、あの番組が見られたのに……」という悔しさを実感するのです。そうすると、そんなペナルティを受けたくないという意識が生まれ、作業が未完了のまま終わる日が徐々に減っていくのです。

ただし、ペナルティを味わうことで「自分はダメな人間だ」というネガティブな気持ちが強くなるタイプの人もいますので、その場合はペナルティは設けず、完了したときのごほうびだけでOKです。

「行動未完了の日は、ペナルティで悔しさを味わう。そうすれば、次からは避けたいという意識が生まれる！」

CHECK

あなたの現状は？

- □ 予定どおりいかなかったら自分にペナルティを与えている
- □ 予定どおりいかなくても自分にペナルティは与えていない

ADVICE

ペナルティは、行動完了しないと「損する」「イヤな思いをする」という気持ちにさせてくれる仕組み。楽しみな日課を禁止する、苦手なものを食べるなど、軽めのペナルティが有効です。

自分を動かすルール 34

ポイントカードを活用して、行動するメリットを作り出そう

自分があまり好きでなかったり、苦手意識を持っていることに対し、楽しく取り組むための仕組み、それがポイントカード制度です。

人はメリットがあるとわかっていることに対しては自然と行動します。逆に、自分があまり好きでないことに対しては、メリットをあまり感じられず、行動したがりません。そんなときはどうすればいいのでしょうか？　「自分にメリットがある仕組み」を作ってしまえばいいのです。

仕組みというと大げさに聞こえるかもしれませんが、お手製のポイントカードを作るだけ。例えば、営業の電話をかけるのが苦手な人なら、「1日10件かけたら1ポイント、11件以上かけたら2ポイント」といったマイルールを決めて、クリアしたらポイントをためていくのです。これだけで、以前よりも前向きな気持ちで電話をかけることができるでしょう。

また、「1週間毎日ポイントをためたらスイーツ」など、小さなごほうびをプラスすると、さらに楽しく、継続して行動できます。

行動するメリットを自分で作ってしまえば、人は自然と楽しく動けるようになる！

CHECK

あなたの現状は？

□ 楽しく行動する工夫をしている
□ 苦手なことは後まわしにしてしまう

ADVICE

大事なのは「アポが取れた（成果）」ではなく、「電話をかけた（行動）」をポイント化すること。成果は自分でコントロールできません。自分のコントロールできる行動に注目するのです。

自分を動かすルール35

自分の行動の軌跡を棒グラフや折れ線グラフで「見える化」しよう

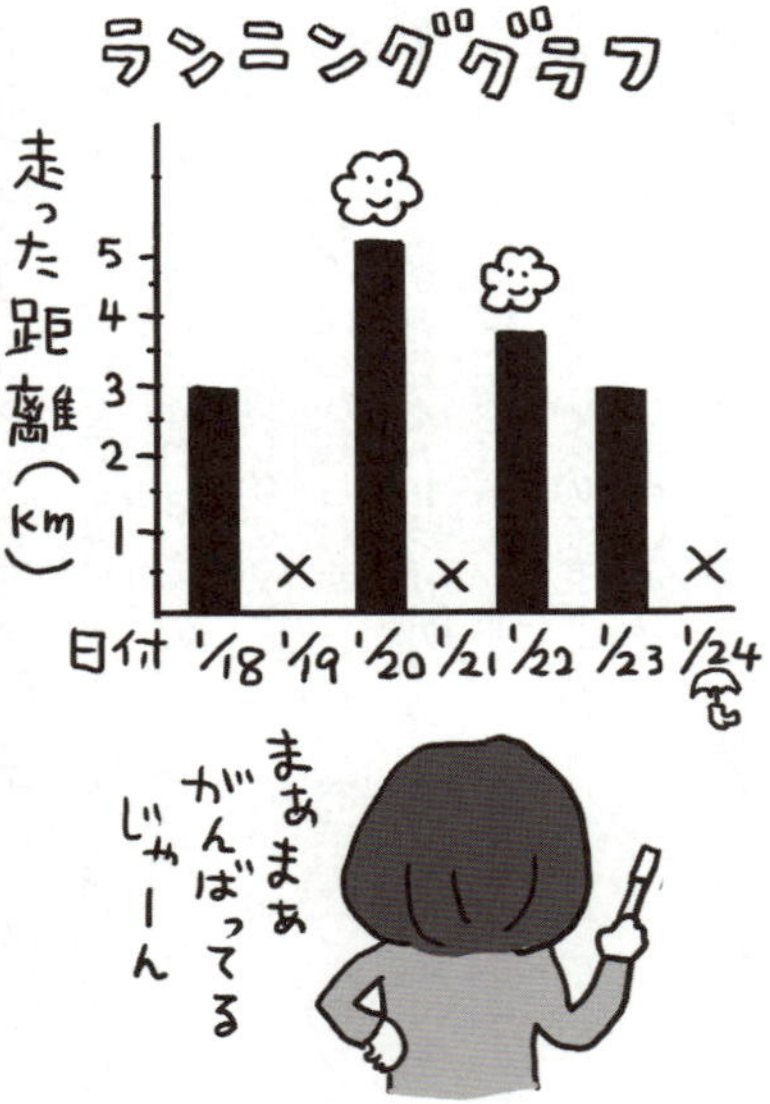

「自分の行動の軌跡がわかる」。
それだけで
自分にとっての
ごほうびになります。
そこで有効活用したいのが
グラフです。

マイルがたまるとうれしいように、「自分は今までこんなに行動してきたんだ」ということが「見える化」されるとうれしいものです。

そういう意味でオススメしたいのは、〝お手製グラフ〟です。

グラフ作りのポイントは2つあります。

1つは、行動をグラフにすること。例えば、ダイエットの場合、体重の推移をグラフにするだけではなく、やせるための行動としてランニングをしているのなら、ランニングの時間や距離もグラフにしてほしいのです。

もう1つは、自分へのごほうびとして、見て楽しめるグラフにすること。イラストやシールなどでカラフルなグラフに仕上げて、手帳やデスクなど目につきやすいところに貼っておきましょう。

行動を簡単に書き込めるお手製グラフがあなたを次の行動へと導いてくれる！

CHECK

あなたの現状は？

- □ グラフで自分の行動を「見える化」している
- □ 自分の行動は特に「見える化」していない

ADVICE

グラフが素晴らしいのは「先週はけっこう走ったのに、今週はあまり走れていないな」など、ひとめで振り返りができてしまう点。行動の成果の軌跡がわかりやすいのでオススメです。

自分を動かすルール36

「10分の空き時間でやりたいこと」をあらかじめ考えておこう

突然生じる空き時間、
あなたはどう
過ごしていますか？
あらかじめやりたいことを
考えておけば
ムダなくサクサク動けます。

この方法は、「忙しくて自分のやりたいことがなかなかできない」と感じている人にも、「『あなたのやりたいことは何?』って聞かれてもよくわからない……」と答えてしまう人にもオススメです。

10分間の空き時間ができたらやりたいことを、手帳などに10コほど書き出します。「ランチのおいしいお店を検索する」「親友にメールする」「文庫本を読む」など、何でもOKです。

「あなたの夢は?」などと聞かれると答えるのが難しいですが、「10分間でやりたいことは?」と短い時間を設定されると意外と出てくるものです。ぜひ書き出してみてください。また、思わぬスキマ時間でやりたかったことができてしまうと、「ラッキーだなあ」という気持ちになり、どんどん楽しい気分になっていきます。

空き時間を使ってやりたいことを小マメに行えば、時間をムダなく使えて気分がとても良くなる!

CHECK

あなたの現状は?

- □ 空き時間を有効に使っている
- □ 空き時間は特に何もしていない

ADVICE

突然の空き時間は相手都合(遅刻など)で生じることも多いもの。けれども、やりたいことを用意しておけば、相手の遅刻にもイライラせず、むしろラッキーと思えるようになります。

自分を動かすルール37

繰り返し行う作業内容は、チェックリスト化しておこう

忙しいときにもどかしいのは、
“悩む時間”です。
そんなときは、
チェックリストを
準備しておけば、
悩まずサクサク行動できます。

出張や旅行のたびに「何が必要なんだっけ？」と考えながら荷物を詰めていませんか？　忙しい中で悩んだり、考えたりするのは大変ですし、忘れモノをする可能性も高くなります。そんな人にオススメなのが「チェックリスト」の作成です。持っていくモノを箇条書きにしてリスト化しておき、リストを見ながら荷物を詰め、詰め終えたらチェックするだけでOK。一度チェックリストを作ってしまえば、今後何度でも使えて便利です。

「チェックリストを作る」という考え方は、さまざまな場面で応用できます。例えば、新入社員に電話や接客の仕方を教える場合、行動の手順をこまかく書き出し、チェックリスト化すれば、誰でも、ミスなく、漏れなく、同じようにできるようになります。

何度も繰り返しとる行動をチェックリスト化すれば、ミスも減り、悩まずサクサク動けるようになる！

CHECK

あなたの現状は？

- □ チェックリストを見ながら準備している
- □ 毎回、必要なモノを考えながら準備する

ADVICE

いつでも誰でも同じ行動がとれるようにチェックリスト化することを「定型化」と呼びます。ゴミ出し当番のチェックリスト、プレゼン手順のチェックリストなど、いろいろ作れそうですね。

自分を動かすルール38

実現したいプライベートの予定は、手帳に書き込んでしまおう

「仕事の状況がわからない」
という理由で、
もしかして
プライベートの予定を
入れるのを
躊躇《ちゅうちょ》していませんか？

例えば、あなたの大好きなアーティストのコンサートが半年後に開催されることになり、今日からチケットが発売開始だとします。「その頃は仕事が忙しい時期だから、今からチケット買うのは勇気がいるな……」と躊躇したりしていませんか？　もしもそうなら、残念ながらあなたがコンサートに行ける可能性はかなり低いでしょう。

こういう場合、コンサートのチケットを買い、手帳に大きな文字で「コンサート」と書き込んでしまうのです。そして、コンサートに行けるように仕事を進めればいいのです。

「なぜサクサク行動する人になった方がいいのか？」と言えば、「自分の本当にやりたいことをやる時間を作り出すため」です。ですから、プライベートの予定は最優先するべきです。

「自分の本当に大切な時間を確保するためにサクサク行動する人になろう！」

CHECK

あなたの現状は？

- □ 自分のやりたいことを最優先している
- □ 自分のやりたいことは後回しにしがち……

ADVICE

自分の本当にやりたいこと、それはあなたにとっての最大のごほうび。予定さえ入れてしまえば、他のどんなことよりも強烈に「絶対に仕事を終わらせるぞ」という気持ちにさせてくれます。

自分を動かすルール39

打ち合わせや会議には、テーマを「見える化」して臨もう

今日のテーマは新製品の販路開拓です！
テーマ

1日のスケジュールで
大きな割合を占める、
会議や打ち合わせの時間。
何を目的にした時間なのかを
認識してから
臨んでいますか？

参加者がそれぞれの立場で発言し、結局何も決まらずに散会。「あの時間は結局何だったんだろう……」という会議や打ち合わせは、意外と多いものです。

それを防ぐには、まずあなた自身が打ち合わせや会議の前に「これから始まる会議／打ち合わせのテーマは何か?」を考え、ノートやフセンに大きな文字で書き出しておくことです。つまり、これから過ごす時間の意味を「見える化」しておくのです。そうすれば、途中で話が脱線しそうになっても、あなたがさりげなく「今日は方針だけでも時間内に固めたいですね」などと本日のテーマを口にすることで、話を本題に戻すことができ、会議が活性化します。参加者全員であらかじめテーマを共有するのもいいでしょう。

「目には見えない会議や打ち合わせのテーマほど、「見える化」する必要がある!」

CHECK

あなたの現状は?

- □テーマを明確にして臨んでいる
- □テーマが曖昧なまま臨んでいる

ADVICE

会議や打ち合わせのスタート時に「今日のテーマ」をホワイトボードに大きめに書いておくのもオススメです。そうすればテーマを全員で共有でき、脱線せずに進行できるでしょう。

Column

ごほうびとペナルティ

ごほうび、ペナルティ――わかりやすいのでこのような表現をしていますが、行動科学マネジメントの専門用語では、正しくは「強化」「弱化」という言葉を使います。

●ごほうびとは、行動を「強化（ますますやりたい気持ちにさせる）」するもの

●ペナルティとは、行動を「弱化（もうやりたくない気持ちにさせる）」するもの

……というわけです。

増やしたいと望んでいるのに増やせない「不足行動」。これを増やしたいなら、ごほうびを上手に使いましょう。例えば、1日に5件の営業訪問をする必要があるとします。その場合は、5件の営業訪問という「行動」を完了した時点で、自分にごほうびをあげるのです。ごほうびの内容は、何でも構いません。大好物を少し食べるのでもいいし、ポイントカードやグラフなどで行動の「見える化」をするだけでも効果があります。

第4章

仕事の効率がアップする！

行動を正しく「コントロール」して成果を出すルール

正しい行動をしたら、
必ず成果が出ます。
間違った行動では、
成果は出ません。

仕事やプライベートで成果を出している人の行動を真似してみる

行動科学マネジメントでは「すべての結果は行動の蓄積である」と考えます。

成果が出たのは、正しい行動を続けたから。

成果が出なかったのは、間違った行動を続けたから。

偶然が結果を左右することはない——そう考えるのです。

さて、これまでの第1~3章を通じてあなたは、環境作り、悪い習慣を改める方法、自分を乗せる工夫など、さまざまな実践技術を理解してきたと思います。そんなあなたに、この第4章で知ってもらいたいのは、「正しい行動」と「間違った行動」があるということです。

例えば、提案書を作成するとします。あるやり方で作成したら2時間もかかったのに、別のやり方で作成したらわずか30分で完成したとしたら……正しい行動は当然、30分でできたやり方ですよね?

では、いったいどうすれば正しい行動をとれるのでしょうか？

方法は2つあります。

1つは、成果を出している人のやり方を観察し**「いいな、取り入れられそうだな」と感じたらどんどん真似してみる**ことです。この第4章では、サクサク行動し、素晴らしい成果を上げている人の多くが日常的に取り入れている技術を多数紹介しています。ぜひ参考にしてください。

成果に直結する「ピンポイント行動」を意識することで行動力がレベルアップする

もう1つは、1日の振り返りの中で**「どんな行動が特に成果につながったのだろう？」と考えるクセをつける**ことです。

行動科学マネジメントでは、成果に直結する行動のことを**「ピンポイント行動」**と呼びます。先ほどの提案書作りの例で言えば、2時間かかった場合と30分でできた場合の行動の違いは何だったのかを考えてみるのです。そして、「上司に提案書のテンプレート（ひな形）を見せてもらったことが違いを生んだのかな？」と仮説を立てたら、もう一度同じ方法をとってみます。「やっぱりそうか！」と気づけたら、あなたの行動力は数段レベルアップしたといえるでしょう。

仕事、家事、趣味、勉強……どんなことに取り組む場合も、「成果に直結するピンポイント行動は何だろう？」という質問を頭に思い浮かべるようにしてください。ジャンルにかかわらず、成果が出るスピードが加速します。

ちなみに、ピンポイント行動はあなたの行動レベルが上達するにつれてどんどん変わっていきます。ですから、絶えずピンポイント行動を見極めることが大切なのです。

さあ、サクサク動いて、サクサク成果を出し、自分のやりたいことをどんどん楽しむ毎日を過ごしましょう。

自分を動かすルール40

始業までに「今日の目標」を立て、手帳に記録しておこう

今日の目標を立てる──。
これは営業系の
ビジネスパーソンなど
数値目標を達成していく
職種の人に
オススメしたい方法です。

「今日1日の行動を通してどんな結果を望むか?」を具体的にしたものを「今日の目標」と呼ぶことにします。例えば、「5人のお客様に会い、そのうちの2人のお客様から次回のアポイントメントをもらう」というように、あなたのイメージを元に具体化してみましょう。

今日の目標は、①「自分がどんな『行動』をするのか?（5人に会う）」、②「その『行動』によってどんな結果を出したいか?（2人から次回のアポイントメントをもらう）」の2つを組み合わせて作ります。

そして、今日の目標を立てたら、始業までに〝記録〟すること。手帳に書く、パソコンに打ち込む、音声レコーダーに吹き込む……など何でもOKです。何かに記録しておくと、1日の振り返りが行いやすく、行動レベルを高める効果があります。

「今日の目標」を立て、記録することで、初めて自分の行動を振り返ることができる!

CHECK

あなたの現状は?

- □ 今日の目標を立てている
- □ 今日の目標を立てていない

ADVICE

「お客様と会い、成約すること」が最重要な営業職にとって、「どんな結果を望むか?（目標）」と「実際どうだったか?（結果）」のすり合わせ（振り返り）はとても大切な作業です。

自分を動かすルール41

非定型業務をこなす時間もスケジュールに盛り込もう

急なお願い、
突然のトラブル……、
そういった予定外の
「非定型業務」に、
もしかしてあなたは
毎日振り回されていませんか？

仕事は「定型業務」と「非定型業務」に分けられます。通常業務とは、メールの返信、日報の作成、会議、クライアント訪問など、これからやることがわかっている業務。これらは「TO DOリスト」化できますし、スケジュールに反映しやすい業務です。

一方、非定型業務とは、「突然のトラブルで見積書を作り直すことになった」など、予定外の業務のこと。この非定型業務をこなす時間を、スケジュールの中にあらかじめ確保してしまうのです。例えば、「13時〜15時／非定型業務」といった具合です。

非定型業務の時間という〝余白〟を取っておかず、定型業務だけでスケジュールを埋めてしまうと、思わぬ非定型業務に追われてしまい、定時に仕事が終わらなくなってしまうからです。

予定外の業務の時間をあらかじめ確保しておけば、慌てず余裕を持って対処できるようになる！

CHECK

あなたの現状は？

- □ 非定型業務にもうまく対応している
- □ 非定型業務が生じると振り回されてしまう

ADVICE

まずは定型業務と非定型業務の割合を「3：1（8時間のうちの2時間を非定型業務用に確保する）」に設定してスケジュールを仮作成し、仕事をしながら微調整を加えていくと良いでしょう。

自分を動かすルール 42

第三者の協力が必要な仕事は、午前中のうちに手をつけておこう

おはようございます
先日お送りした提案書のお返事ですが
ぼへー

自分１人では完結しない、
第三者が関わる仕事は、
午前中のうちに
すべて手をつける——。
それが仕事の効率を
上げるコツです。

「TO DOリスト」で○印をつけた作業をその日のうちに確実に終わらせるためには、誰かの判断を仰ぐ仕事は午前中に手をつけてしまいましょう。

例えば、「今日中にスケジュール案を提出したいが、相手先から返事をもらえなければ先へ進めない」というケース。そんなときは、午前中のうちに相手先に「いかがですか？」と電話して返事をもらえれば、午後にスケジュール案を作成できるでしょう。ところが、夕方に「いかがですか？」と電話して、担当者が不在で連絡がつかなかった……となれば、明日に持ち越しとなってしまいます。

他人の都合は残念ながら読めません。ですから、1人で完結する仕事よりも前に、他人の関わる仕事から手をつける必要があるのです。

「第三者の絡む仕事の優先順位を上げてとりかかれば、仕事の達成率は確実にアップする！」

CHECK

あなたの現状は？

- □ 重要な仕事は早めにとりかかる
- □ 重要な仕事ほど後まわしにしてしまう

ADVICE

午前中は、ホルモンの分泌が活性化し、脳の働きもピークを迎える時間帯と言われています。「重要なことほど先に行う」ことは行動科学マネジメントの鉄則。午前中を最大限に活用しましょう。

自分を動かすルール 43

情報は量より質が重要！参考資料は3つに絞り込もう

情報
ニュースサイトの
ブックマークは
3つだけに
しておこう

これは情報収集を行う際に、
ぜひ覚えておきたい方法です。
際限なく時間をかけて
調べてしまう
情報収集グセを
断ち切りましょう。

現代は、インターネットの発達により情報をいくらでも集められるので、際限なくリサーチできてしまいます。情報過多の時代だからこそ、情報収集能力が重要となります。

例えば、インターネットを使って情報を集めるときに、関係のありそうな画面をいくつも開いてしまう――そんな人は「1度に開いて良い画面は3つまで」と決めてしまいましょう。あるいは、企画書を作るときに、本を5冊、10冊とデスクに積み、アレもコレも読み込んでしまう――そんな人も「参考にする資料は3冊まで」と決めてしまうのです。

人は「3つしか選べない」と思うと、極上の3つを選ぼうとします。その3つがあれば、あなたの知りたいことは十分にわかるはず。情報は量より質にこだわることが、効果的にリサーチするコツです。

「3つまで」という制限を有効活用して、精度の高い情報を集め、効率よく成果を出そう！

CHECK

あなたの現状は？

- □ 資料の数をいくつかに絞っている
- □ 多くの資料を見過ぎて混乱してしまう

ADVICE

ついついテレビを見てしまう人は「1日に見るのは3時間まで」、SNSを見てしまう人は「1日に見るのは15分まで」など、制限時間をあらかじめ決めてしまうと良いでしょう。

自分を動かすルール44

昼休みの「15分シエスタ」で、心身をすっきりリフレッシュ！

当たり前に過ごしている
時間ほど、見直すと
大きな効果を生み出します。
ランチタイムの１時間を、
あなたはどう
過ごしていますか？

「昼休みは1時間」という職場が多いと思いますが、サクサク行動する人はこの1時間を自分のために有効活用しています。
私の周りにもランチタイムを読書時間にあてたり、ウォーキングやストレッチで軽く体を動かしたり、リフレッシュタイムとして有効活用している人は多いです。特にオススメしたいのが「15分シエスタ」。食事を早めに済ませてオフィスに戻り、デスクで15分だけ仮眠するのです。実際に私の周りには、それまでは14時頃になると必ず眠くなっていたのに、「15分シエスタ」を取り入れてから終業まで集中して仕事ができるようになった人が大勢います。
昼休みは、就業時間内にある最大の自由時間です。この時間をどう使うかによって、その後の成果に大きな影響が出てきます。

毎日1時間の昼休みを有効活用して、その後のパフォーマンスに良い影響を与えましょう！

CHECK

あなたの現状は？

- □ 昼休みを有効活用している
- □ 昼休みをなんとなく過ごしている

ADVICE

休憩を取るタイミングはとても重要です。「1時間デスクワークをしたら必ず上半身のストレッチを行う」など、あなたがより行動しやすくなる「休憩マイルール」を作りましょう。

自分を動かすルール45

多人数が集まる会議の場を仕事の〝学びの場〟ととらえよう

目標達成が上手な人は、
「長い」「退屈だ」と
感じる時間でさえ
学びの時間に
してしまいます。
あなたはどうですか？

会議や打ち合わせは「ただ参加するだけ」という姿勢で臨むと、とてつもなく長く感じられるものです。しかし、「役立つことをひとつでも探して持ち帰ろう」と決めると、会議は一気に魅力的な時間に変わります。

会議の場は、多人数が集まるため、人間観察するのに最適です。

例えば、上司の話し方を観察して、「全員の顔を見渡してニコッと笑ってから話し始めるな。自分も真似してみよう」と思ったり、先輩を観察して、「使いやすそうな方眼ノートを使っているなあ。どこで購入したのかを後で教えてもらおう」などと思いながら過ごすのです。

こんなふうに「有意義に過ごそう」と意識を切り替えるだけで、参加するだけの会議が、学びの場へと変わっていくでしょう。

「つまらない」と感じていた時間も、あなたのルール設定次第で有意義な時間に変わる！

CHECK

あなたの現状は？

- □ 会議を学びの場にしている
- □ 会議を退屈だと感じている

ADVICE

あなたが今「退屈だ」と感じる時間はありますか？ そこにどんなマイルールを付け加えたら、「有意義だ」と感じるようになるでしょうか？ この機会にぜひ考えてみましょう。

自分を動かすルール46

デスクは「考える場所」ではなく、「作業する場所」と認識しよう

よしっ!

環境を変えることで、
仕事の能率は
飛躍的に高まります。
特に「考える」と
「作業する」の
2つの切り分けは大切です。

デスクワークは、デスクの上で行うものと思い込んでいませんか? しかし、サクサク行動できる人は、仕事内容によって環境を変えています。動きやすい環境設定は、行動科学マネジメントにおける重要な要素です。ぜひ優秀な人の行動を見習ってください。

企画書作りを例に考えてみましょう。デスクの前で「うーん、いいアイデアが思いつかないなあ……」などとうなりながら企画書を書いていませんか? 残念ながら、それでは非効率です。

そんなときは、「アイデアを思いつく」ための時間と場所、「企画書を書く」ための時間と場所を完全に分けてしまうことをオススメします。例えば、アイデアを考える作業はカフェなどリラックスできる空間で行い、デスクに戻ったら無心になって企画書を書くのです。

「環境をちょっと変えることで、意識が切り替わり、仕事の能率がアップする!」

CHECK

あなたの現状は?

□ 仕事内容によって環境を変えている

□ いつも同じ環境で仕事をしている

ADVICE

自分の周りの環境が変わると、意識が切り替わり、やるべき「行動」に集中できます。場所を変えるのが難しい場合も「デスクの右側で書いて、左側で考える」など、ひと工夫してみましょう。

自分を動かすルール47

作成した資料は一晩寝かせて、翌日の朝に読み直してみよう

資料を書き上げた当日は、
気分が高ぶっているものです。
作成した資料は、
翌朝に冷静な目で
チェックすることが
大切です。

急いで作成した資料は、よく見直してみると「てにをは」がおかしかったり、誤字・脱字があったりするものです。そのままお客様や上司に手渡した時点で間違いに気づき、恥ずかしい思いをする……という失敗を経験した人も多いのではないでしょうか？　それくらいならかわいい失敗ですが、請求書の金額が1ケタ違ったなどということがあれば大問題です。

そんなミスを防ぐコツが「一度寝かせて翌日の朝に読み直す」こと。資料を書き上げた当日は気分が高ぶっているため、どうしても「間違いを探そう」という冷静な気持ちになりにくいものです。

この習慣を身につけるだけで、ケアレスミスを防げ、仕事の精度も高まります。ぜひ取り入れてみてください。

「冷静になる時間を設けて、あらためてチェックする習慣を。そうすればケアレスミスが劇的に減る！」

CHECK

あなたの現状は？

- □ 作成した資料を翌朝読み直している
- □ 作成した資料を再チェックしていない

ADVICE

この方法を行うには、1日前倒しで資料を完成させる必要があります。けれども、これまでにさまざまな技術を学び、自分を動かすことを身につけたあなたなら、十分にできるはずです。

自分を動かすルール48

不安や心配事を書き出し、「見える化」して捨ててしまおう

メールの返信をもらえない
眠い
眠い
なんかイライラする
締め切りがすぎても
連絡がこない
残業が続いている
眠い帰りたい
よしっ
今日は早く帰るようにしよう
ぐしゃ

気分が乗らなかったり、
漠然とした不安や
心配に襲われて
仕事が一向に進まない……。
そんなときに
有効な方法を紹介します。

気分がモヤモヤしたり、他の心配事に気を取られて目の前のことが進まない――というときがあります。こういった漠然とした心理は、「見える化」してしまえばスッキリして前に進めるようになります。

Ａ４用紙を１枚用意します。そして、頭や心の中に浮かんだことをすべて書き出していくのです。例えば、朝から気分がモヤモヤしているとき。「イライラする、髪型が決まらない、足を踏まれた、もうイヤだ、遅刻、コーヒー飲んでない……」といった具合です。誰かに見せるのではなく、とにかく書き出します。すると、まず気分が楽になり、「コーヒーを飲んで落ち着こう」などと、自分なりの解決策が見つかります。その紙はまるめてゴミ箱へ捨ててしまいましょう。「悩みをはき出し、捨てる」という行動をとると、とてもスッキリします。

頭や心の中のモヤモヤを「見える化」して、ポイと捨ててしまえば気分がスッキリする！

CHECK

あなたの現状は？

- □ 不安や心配事があると書き出す
- □ 不安や心配事を抱え込んでしまう

ADVICE

この方法は、「アレもやらなきゃ、コレもやらなきゃ」とパニックになったときにも有効です。目に見えないから、人は不安になるのです。見えてしまえば「そういうことか」と安心するのです。

自分を動かすルール49

今日の良かったことを3つ思い浮かべ、心地良い気分で1日を終えよう

「明日はこれをやらなきゃ……」
とあくせくした気持ちで
1日を終えると、
不安が募るばかりか、
心身にマイナス影響を
及ぼしかねません。

1日の終わりの過ごし方は、私たちの生活にとても大きな影響を与えています。なぜなら、脳には「1日の最後を強く記憶し、その記憶を寝ている間に繰り返し再生する」という特徴があるからです。そのため、脳科学の世界では、就寝10分前の時間を「脳のゴールデンタイム」と呼んでいるそうです。

そこで、1日の終わりに「今日良かったことを3つ思い浮かべる」ということを試しにやってみましょう。例えば、「予定より早く書類を提出して上司にほめられた」「お客様から『ありがとう』と言われてうれしかった」など、どんなことでもOKです。「終わり良ければすべて良し」という諺《ことわざ》がありますが、1日を「今日も良い行動ができた」で終わらせると、良い気分で朝を迎えられます。

「心地良い気分で今日を終え、
心地良い気分で明日を迎えよう！」

CHECK

あなたの現状は？

□ 就寝前に1日を振り返っている

□ 1日を振り返ることはほとんどない

ADVICE

良かったこと、と聞くと「契約が取れた」といった大きな成果を想像しがちですが、小さな成果で十分。ランチがおいしかった、信号がすぐに青になった……いくつもあるはずです。

自分を動かすルール50

目標を達成する前に、次の目標を決めてしまおう

サクサク行動できる
ようになったら
ぜひ習得してもらいたい
方法です。実践すると
行動力が高まり、より大きな
成果を出せるでしょう。

「現在取り組んでいる目標を達成した後で、その次の目標を立てよう」と考える人が多いと思います。

例えば、1カ月後に10㎞のマラソン大会に出場するために練習しているとします。「10㎞を無事に完走できてから、次にどんな大会に出るかを決めよう」と思う人は多いでしょう。

しかし、サクサク行動し続ける人は違います。10㎞の大会に向けて練習している間に、すでに3カ月後のハーフマラソン大会の出場エントリーを済ませてしまうのです。そうすれば「10㎞を完走したら、走るのはおしまい」とはなりません。さらに高いレベルを目指して走り続ける仕組みを、楽しく簡単に作ってしまうのです。

「目標達成前に、次の目標設定を」――ぜひ取り入れてみてください。

今の目標をいい意味で通過点にしてしまえば、より高いレベルを目指して行動を続けることができる！

CHECK

あなたの現状は？

- □ 目標達成前に、次の目標を決めている
- □ 今の目標達成だけを考えて行動している

ADVICE

この方法は「続けるコツ」であると同時に「上達するコツ」でもあります。仕事でも、資格の勉強でも、スポーツやダイエットなど、さまざまな場面で活用してください。

ピンポイント行動

ピンポイント行動とは、成果に直結する行動のことです。

マラソンのタイムを例にわかりやすく説明してみましょう。

例えば、前回のマラソンよりも30分もタイムが縮まったとします。「発汗性の良いランニングウェアを買った」「給水所でこまめにスポーツドリンクを飲んだ」などの理由が思い浮かびますが、一番の要因は「今までよりも腕を素早く振るようにした」ことだったとします。

この場合、タイムアップに直結したピンポイント行動は「素早い腕振り」だったと言えます。

「自分にとってのピンポイント行動は何だろう？」と常に考える習慣をつけると、行動力が強化され、効率的に成果を出すことができます。

仕事でも、趣味でも、上達が早い人が、あなたのまわりにいませんか？　それは、ピンポイント行動を見つけるのが上手いからなのです。

第5章

事例に学ぶ行動改善のヒント

サクサクと「動けるようになった」人の成功エピソード

サクサク行動できるようになった人 その成功のポイントとは？

私は、これまでたくさんの「行動できずに悩んできた人」に行動科学マネジメントのメソッドをレクチャーしてきました。そして、多くの人たちが「サクサク行動できる人」に変わっていく姿を目の当たりにしてきました。

この章では、営業成績アップ、早起きの習慣化、ランニングの継続……など、私が実際に関わってきたいくつかの成功事例を「Ｂｅｆｏｒｅ／Ａｆｔｅｒ」形式で紹介します。さらに、私がアドバイスした内容や成功のポイントについて解説していきます。

あなたの悩みを解消するヒントが見つかるかもしれません。

成功事例
01

20代後半
男性・Aさん

「とりあえずボックス」を設置したことで、整理整頓の行動ルールが自然と変化した！

今までは、「書類をデスクの脇に置いておき、1週間に1回片づけよう」とマイルールを決めたものの失敗……を繰り返してきたAさん。そこで彼と一緒に考えたのは、「必要な書類以外は、朝イチで足元に置いた『とりあえずボックス』にすべて入れましょう」ということでした。

このシンプルなルールを取り入れたことで、Aさんの行動が変わりました。

朝、会社に到着したら、Aさんはすぐにデスクまわりの書類を仕分けるようになりました。朝に必要な書類だけをデスク上のクリアファイルに保管し、必要かどうか不明な書類は「とりあえずボックス」に入れるようになったのです。

ただし、足元に置かれた「とりあえずボックス」の容量は限られているため、日が経つにつれて、すべての書類を入れるのは難しくなってきます。そのため、Aさんは、その場で必要ないと判断したものはシュレッダーで処分をするクセが自然とついてきました。

やがてAさんは、「仕事終わりにも軽く整理しておいた方がいい」「明日必要な資料のみ机の上に置いておくか、引き出しの中に入れておこう」ということに気づいて、自分流の整理整頓ルールを設けて実践。

今では、職場の後輩から「Aさんのデスクを見習ってしっかり整理整頓します」と言われるほどになったそうです。

成功のポイント

「整理整頓するぞ！」と決意しては失敗を繰り返していたAさんでしたが、「とりあえずボックス」を置き、ルールを決めたことで行動が一変。Aさんが特に素晴らしいのは、「帰る前にも軽く整理した方がいい」と気づき、自ら行動改善した点です。「自分へのごほうびをプレミアムビールに設定したのも良かったです」とAさんは笑顔で語ってくれました。

成功事例
02

「TO DOリスト」で1日の仕事を「見える化」したら、営業成績が上がっていく好循環が生まれた！

30代前半
男性・Bさん

「始業時間20分前くらいには会社に行っています。出社するとすぐに、メールチェックをしたり、電話対応をしているのですが、いつも仕事に追われっぱなしで……。営業でしっかり結果を出さなきゃいけないのに、何もかもが中途半端なまま、1日が終わってしまうことが多いです」というBさん。

そこで、Bさんと一緒に考え、次のようなルールを決めていきました。

決めたのは、「毎朝、始業前5分を『自分時間』にしましょう。その5分間で『TO DOリスト』を作りましょう」ということです。

始業時間5分前にアラームをセットし、アラームが鳴ったらすぐにTO DOリストの作成を開始します。リスト作りに集中するため、その間に自分宛の電話がかかってきても、後で折り返すことにしました。

ＴＯ ＤＯリストには、1日にすべきことを思いつくままに書き出し、その上で、「今日やることに○印、今日やらなくてもいいことには×印」をつけることにしました。

さらに、「仕事終わり1時間前になったらアラームを鳴らし、その時間までに今日やる仕事が完了していなかったら、ラストスパートをかけましょう」と決めました。

最後に、「会社を出る前に自分の行動を1分ほど振り返り、よくできた点と、まだできていない点を書き出してみましょう」とアドバイスしたのです。

その結果、Bさんの行動は劇的に変化しました。

Bさんいわく、「朝のたった5分で、自分が今日やるべきことがわかり、頭の中が整理されていきました」とのこと。そして「ＴＯ ＤＯリストで○印をつけた仕事をこなしていくのが気持ち良くて……そのうち『全部終わらせてスッキリさせよう』という気分になってきました」と言います。

さらに「いちばん良かったのは、実際に成果が出始めたことです。営業成績がアップする、もっといい成績を出すために考える、そして試してみる……という習慣が身につきました」とBさんは話してくれました。

成功のポイント

朝一番に自分自身の行動を「見える化」したことが、Bさんの成功ポイントです。また、終業1時間前のアラームや、仕事終わりの振り返りも、大きな効果を生みました。ゲームの画面をクリアしていくのが楽しいように、自分を乗せる環境や仕組みをうまく設定すれば、「終わらせたい」「もっとレベルアップしたい」という前向きな気持ちがどんどん高まっていくのです。

成功事例
03

部下に声をかけるタイミングと目的を明確化！暗かったチームも、今では居酒屋で楽しく飲み合う仲に

30代後半
男性・Cさん

「チームの雰囲気が暗くて、横のつながりもありません。リーダーである自分がなんとかしたいんです。できるだけ仕事中に『元気か？』『頑張ってる？』などと話しかけるんですが、『忙しいので』と迷惑そうな顔をされてしまいます」という悩みを抱えていたCさん。

そんなCさんには、「午後の仕事が始まるときに声をかけてみたらどうですか？」と提案しました。

「いいですね！　お昼休み直後なら部下も割とリラックスしていますし、スムーズに受け入れてくれそうです」と答えるCさん。

そこで、「午後の仕事が始まるときに部下のデスクを回り、『進捗状況はどう？』と聞くこ

とにする」というマイルールを設定しました。

その結果、まず変わったのはCさん自身の気持ちでした。「部下に声をかけやすくなった」と言うのです。「以前は、声をかけるタイミングも、声のかけ方も決まっていませんでした。でも、『進捗状況を聞く』という目的が明確になったので、すごく気が楽になったんです」。

さらに、部下の反応にも変化が見えてきたそうです。「お昼休みの間に、私に報告することを頭の中で整理してくれているようです。以前は夕方になって『仕事が終わりません……』と言ってくることがありましたが、午後の始めに進捗状況を聞いた時点で『終わらないかもしれません』と言ってくれるようになりました」。

この〝中間報告〟の習慣が、チームの雰囲気を徐々に変えていきました。もしも部下の1人が締め切りに間に合わない案件を抱えている場合は、他の部下たちにも状況を共有し、助け合う関係が生まれたそうです。

今、Cさんのチームのムードはとても明るくなりました。

「みんなで定時に仕事を終わらせて、たまに居酒屋で飲み合う関係になりました。楽しく食事をしながら、語り合うひとときが、みんなにとっての共通のごほうびになっているのかもしれません（笑）」と笑顔で語ってくれました。

成功のポイント

Cさんは、部下に声をかけるタイミングや目的を自分の中で「見える化」することに成功しました。その結果、声をかけられる側である部下たちも、安心し、落ち着いて、自分の現況報告ができるようになったのです。

また、「みんなで居酒屋へ行く」というイベントが、部下全員のごほうびになっているのも素晴らしい点だと思います。「自分のためだけでなく、仲間のためにも頑張る」と思えたら、人はさらに大きな力を発揮できるからです。

成功事例
04

お気に入りシューズと前夜の身支度で朝ランが楽しくなり、習慣化に成功！

30代前半
女性・Eさん

「月・水・金の週3回、早起きして3㎞走る」と決め、行動を開始したEさん。最初の1週間は調子良く走れたものの、翌週に2日しか走れず、翌々週は1日しか走れずに挫折してしまったそうです。

そこで、Eさんと一緒に、ランニングが楽しくなるルールや仕組みを作っていきました。

まず、「お気に入りのランニングシューズを買いましょう」という話をしました。それまでEさんは「ランニングしなきゃ……」と少し後ろ向きな感じでしたが、「お気に入りのシューズを履いて外に出ると思ったら、何だか楽しくなってきました」と前向きな姿勢に変わりました。

次に「ランニングウェアやお気に入りのランニングシューズは、目につくところに置いておきましょう」ということも決めました。自分を乗せることでランニングへの意識が高まり、ランニングの準備をしやすい環境を作ったわけです。

また、「朝起きたら、洗面所で顔を洗い、水を1杯飲んでから、ランニングウェアに着替え、玄関でシューズを履く」というところまで、行動の順番（ルーティン）を確認したのです。

Eさんは、ベッド脇にウェアを一式用意し、玄関にお気に入りのシューズを出してから就寝するようになり、朝起きると、決めたとおりの順番で自然と行動を開始するようになりました。

その結果、Eさんは週3回のランニングを楽しみながら継続しています。

成功のポイント

お気に入りのシューズを手に入れ、「やらなきゃ……」と感じていたランニングを「やりたい！」に変えたのが成功ポイントです。また、ウェアやシューズをあらかじめ準備し、走り出すまでの行動の順番を決めてしまい、迷う時間、余計なことを考える時間をなくしたことで続けやすくなりました。

Column

行動の振り返り

行動することばかり意識すると、目の前の仕事を終わらせることだけに目が行きがちです。

しかし、仕事の質が伴っていなければ、「サクサク行動できる人」とは言えません。自分の行動を振り返る時間を持ち、仕事のやり方や進め方についても考えるようになれば、質も効率も飛躍的に高まります。

ＰＤＣＡサイクルという言葉を聞いたことがありますか？「ＰＬＡＮ（計画する）／ＤＯ（実行する）／ＣＨＥＣＫ（評価する）／ＡＣＴＩＯＮ（改善する）」の頭文字を取ったもので、企業の生産性を上げたり、品質を向上させるための素晴らしい手法として知られています。

行動の振り返りをする習慣を持つことは、毎日の生活の中でＰＤＣＡサイクルを回していることと同じなのです。

１日の行動を振り返り、「どうすればもっと上手くいくか？」を考える習慣を身につけましょう。

第6章

『行動定着シート』の活用術

行動を習慣化して「最速で目標達成」するルール

サクサク行動できる人になれたら、さらにその先のステップへ――

与えられた目標をこなすだけでなく、自分で立てた目標を達成するために行動しよう！

「TO DO」とは「目標を達成するためにとるべき行動」を意味しています。

そして、この本では「与えられた目標に対して、どれだけサクサク行動できるようになるか」をメインテーマにして、これまでお話をしてきました。

ところが、この章だけは違います。行動のレベルが一段上がります。なぜなら「目標を作ることから自分でやってみましょう」という内容になるからです。

こう書くと「サクサク行動できる人」になれればそれで十分と感じる人もいるでしょう。けれども、それだけではもったいないことです。自分で目標を立て、最速で目標達成する技術を身につけることで、より大きな楽しさを味わえるからです。

自分で目標を立てるということは、ワクワクする未来を想像し、そんな未来に必ず行き着こうと自分で決めるということ。そして、そのための階段を一歩ずつ踏みしめるということです。目標を立てなかった頃よりも大変な部分もあるかもしれませんが、主体的にハンドルを握り、自分の人生を操縦している感覚が味わえるのです。

目標達成がうまい人は、自分を動かすコツを知っている

実際、目標達成がうまい人は、自分で人生を操縦する楽しさを味わっています。

そして、その楽しさが味わいたくて、次の目標に挑んでいます。つまり、好循環の中に身を置いてい

るのです。

目標達成がうまい人とそうでない人との差は、能力の違いにあるのではありません。本書で何度も述べているように、自分を動かすコツを知っているかどうかの違いだけなのです。

その証拠に、彼らは「ステップを細分化する」「成果が出やすそうな行動から開始する」「自分にごほうびとペナルティを与える」といった行動科学マネジメントのメソッドを、目標達成のプロセスに取り入れています。

そこで、このような行動力強化のエッセンスをコンパクトに盛り込んだ「行動定着シート」を本書の182〜183ページにつけました。

STEP1〜6では、自分自身で目標を設定して、行動定着シートに記入する方法を解説しています。シートを活用して、まずは1カ月間実践してみてください。あなたの行動力が徐々に強化されていき、最速で目標達成できるコツが身につくでしょう。

STEP 01

「前から気になっていたこと」を紙に書き出してみましょう

まずは、あなたの心の中で〝前から気になっていたこと〟を単語レベルでいいので、思いつくままに書き出してみましょう。

仕事のことはもちろん、自分のプライベートで気になっていたことでもOKです。また、やってみたかったこと、やめたかったことのどちらでもOKです。「営業成績アップ、デスクまわりの整理、英語、ランニング、読書、テレビ見過ぎ、夜更かし、食べ過ぎ……」といった感じで書き出してみます。

STEP 02

「気になっていたこと」の中から、テーマを1つ選んでみましょう

紙に書き出した気になっていることの中から、目標達成に取り組みたい〝テーマ〟を1つ選んでみましょう。以下の基準で選ぶことをオススメします。

❶「やらなきゃ」と感じるよりも、「やりたい」と感じるものを選ぶ。例えば、「英語を勉強しなきゃ」と「やせたい！」があったら、「やせたい！」を選んだ方が目標達成率は高くなります。

❷「1カ月で結果を出してみたい」と思えることを選ぶ。まずは、目に見える変化が期待できる「1カ月」で、取り組みたいことを選んでみてください。

STEP 03

テーマから目標を決めて、出したい成果を具体的に考えましょう

テーマが1つ決まったら、次は〝目標〟を考えます。

期限は1カ月後に設定します。なぜ1カ月かというと、「どんな目標でも目に見える変化が期待できる」「1カ月行動を続けられると習慣化できる」からです。

例えばテーマをダイエットに選んだ場合、「1カ月後にどんな成果を出したいか？」を考えます。本書で何度も述べているように目標は計測できないといけません。「やせたい」ではな

く「体重を2kg落としたい」、「英会話が上手くなりたい」ではなく「TOEICで750点以上取りたい」など、具体的に設定しましょう。

STEP 04

効率よく目標達成するために、とるべき行動を決めましょう

次は、〝とるべき行動の内容〟を決めましょう。

例えば、ダイエットのためにとるべき行動は、人によって変わってきます。ある人は「食事制限とウォーキング」かもしれませんし、ある人は「ランニング」かもしれません。とりあえずは、成果が出やすそうで、自分が興味を持続しやすそうな方法を仮決めします。

次に、1カ月の間の「いつ、どこで、どれくらい行動するか」を決めます。行動内容は、実際に行動し、振り返りをする中で変わっていく可能性があるので、ここでは仮決めでOKです。

STEP 05

1週間ごとにスモールゴールを設定しましょう

では、1週間後、2週間後、3週間後、それぞれのスモールゴール（中間目標）を設けてみましょう。

スモールゴールを設けることで「やれそうだな」という気持ちが高まり、また目標達成の1ヵ月間の道のりが具体的になるからです。

例えば、1カ月後に2kg減量したいとします。

1週間後に0・5kg減量、2週間後にさらに0・5kg減量、3週間後にさらに0・5kg減量、そして最後の1週間でさらに0・5kg減量すれば良いという大まかなイメージが湧くはずです。

STEP 06

行動達成率を設定して、ごほうび&ペナルティを決めましょう

行動した場合のごほうび、行動しなかった場合のペナルティも決めておきましょう。まず、行動達成率を決めます。100%が望ましいのですが、最初は無理せずに、達成率を80%程度に設定するのをオススメします。

ごほうびとペナルティは、行動とリンクしたものを選ぶと良いでしょう。例えばダイエットの場合、ごほうびは「達成率を上回ったら、ケーキを1個食べられる」、ペナルティは「ケーキを食べられない」などです。

さらに、あなたの行動を見守り、応援してくれるサポーターを選び、目標を伝えましょう。

では、「行動定着シート」に記入してみましょう。1カ月間実践することで、あなたの行動力は確実にレベルアップするはずです！

シートNO.

今週の目標

月/日	行動予定	結果	振り返り
／			
／			
／			
／			
／			
／			
／			

今週の達成率	1週間の行動の振り返り
%	

183 第6章 行動を習慣化して「最速で目標達成」するルール

行動定着シート

達成したい目標（大きなゴール）

行動開始日 [年 月 日]～ 目標達成日 [年 月 日]

目標達成のために続ける行動

中間目標（スモールゴール）

自分へのごほうび

自分へのペナルティ

行動達成率	サポーター
%	

※コピーしてお使いください

182

<あらかじめ記入する項目>

- 達成したい目標（大きなゴール）……1ヵ月後の目標を記入します
- 行動開始日～目標達成日……1ヵ月のスタート／終了日を記入します
- 目標達成のために続ける行動……1ヵ月間の行動予定を記入します
- 中間目標（スモールゴール）……各週の目標を記入します
- 自分へのごほうび……行動達成率を上回った際のごほうびを記入します
- 自分へのペナルティ……行動達成率を下回った際のペナルティを記入します
- 行動達成率……ごほうび&ペナルティの基準となる達成率を記入します
- サポーター……あなたの行動を見守り、応援してくれる人の名前を記入します
- 今週の目標……今週の目標を記入します
- 月／日&行動予定……日付を記入後、行動予定の欄に内容を記入します

<1週間行動しながら記入する項目>

- 結果……行動結果を○×印などで記入します
- 振り返り……予定と結果を照らし合わせ、感じたことを記入します
- 今週の達成率……この週の行動の達成率（自己評価）を記入します
- 1週間の行動の振り返り……達成率を見ながら、感じたことを記入します

［行動定着シートの記入例］

Y・Sさん（29歳・男性・広告代理店勤務）

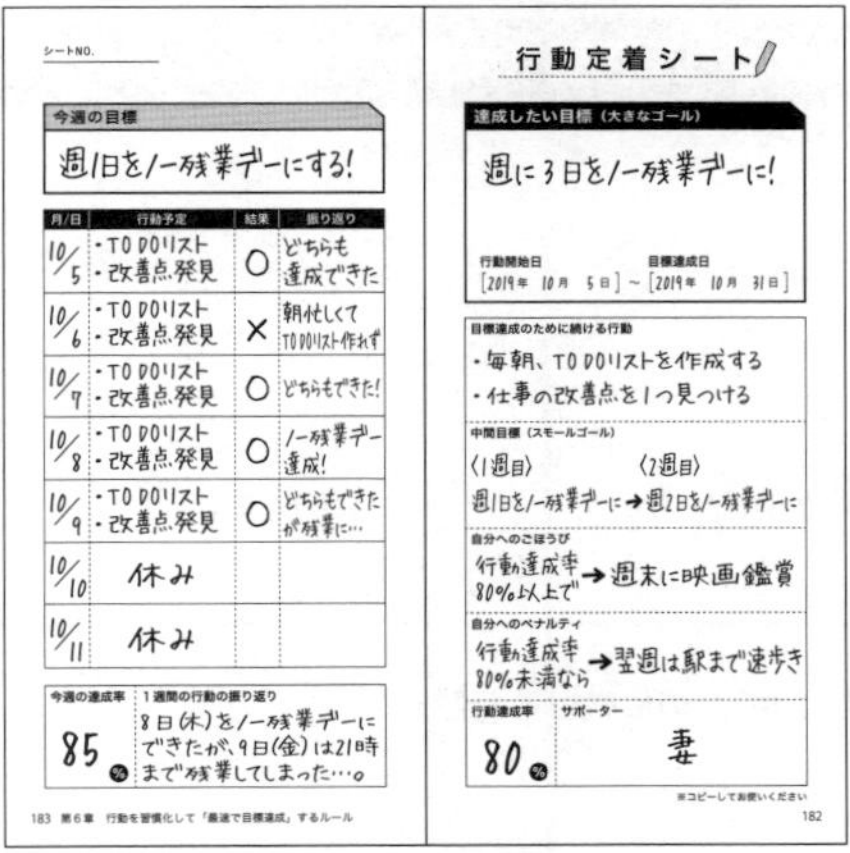

シートNO.

今週の目標

週1日をノー残業デーにする!

月/日	行動予定	結果	振り返り
10/5	・TO DOリスト ・改善点発見	○	どちらも達成できた
10/6	・TO DOリスト ・改善点発見	×	朝忙しくてTO DOリスト作れず
10/7	・TO DOリスト ・改善点発見	○	どちらもできた!
10/8	・TO DOリスト ・改善点発見	○	ノー残業デー達成!
10/9	・TO DOリスト ・改善点発見	○	どちらもできたが残業に…
10/10	休み		
10/11	休み		

今週の達成率 85%

1週間の行動の振り返り
8日(木)をノー残業デーにできたが、9日(金)は21時まで残業してしまった…。

183 第6章 行動を習慣化して「最速で目標達成」するルール

行動定着シート

達成したい目標（大きなゴール）
週に3日をノー残業デーに!

行動開始日［2019年 10月 5日］～目標達成日［2019年 10月 31日］

目標達成のために続ける行動
・毎朝、TO DOリストを作成する
・仕事の改善点を1つ見つける

中間目標（スモールゴール）
〈1週目〉週1日をノー残業デーに→〈2週目〉週2日をノー残業デーに

自分へのごほうび
行動達成率80%以上で→週末に映画鑑賞

自分へのペナルティ
行動達成率80%未満なら→翌週は駅まで速歩き

行動達成率 80%

サポーター 妻

※コピーしてお使いください

182

1ヵ月後の目標は「週3日は残業せずに家に帰ること」。TO DOリスト作成と振り返りを行動予定とし、週4回行動。その結果、1週目のスモールゴールもクリアできました。

S・Jさん（33歳・男性・生命保険会社勤務）

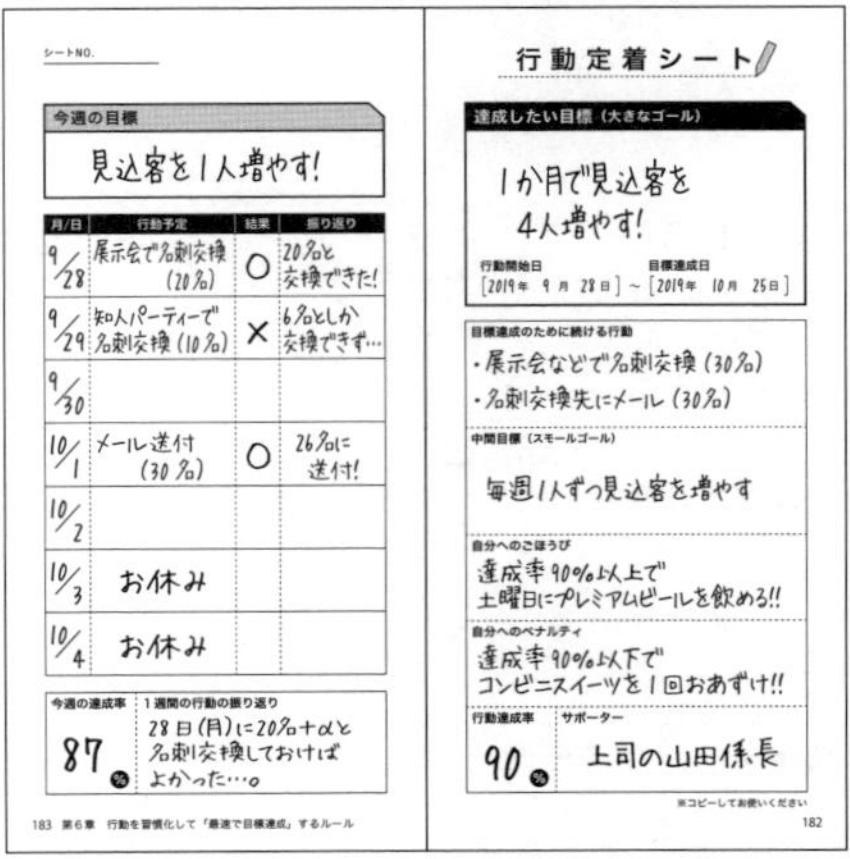

シートNO.

今週の目標

見込客を1人増やす!

月/日	行動予定	結果	振り返り
9/28	展示会で名刺交換（20名）	○	20名と交換できた!
9/29	知人パーティーで名刺交換（10名）	×	6名としか交換できず…
9/30			
10/1	メール送付（30名）	○	26名に送付!
10/2			
10/3	お休み		
10/4	お休み		

今週の達成率 87%

1週間の行動の振り返り
28日(月)に20名+αと名刺交換しておけばよかった…。

183 第6章 行動を習慣化して「最速で目標達成」するルール

行動定着シート

達成したい目標（大きなゴール）
1か月で見込客を4人増やす!

行動開始日［2019年 9月 28日］～目標達成日［2019年 10月 25日］

目標達成のために続ける行動
・展示会などで名刺交換（30名）
・名刺交換先にメール（30名）

中間目標（スモールゴール）
毎週1人ずつ見込客を増やす

自分へのごほうび
達成率90%以上で土曜日にプレミアムビールを飲める!!

自分へのペナルティ
達成率90%以下でコンビニスイーツを1回おあずけ!!

行動達成率 90%

サポーター 上司の山田係長

※コピーしてお使いください

182

「1ヵ月で見込客4人増」を目標に設定。ピンポイント行動である「名刺交換&メール送付」がわずかに足りず、1週間の行動の振り返りで翌週以降の改善案を記入しています。

行動定着シート

達成したい目標（大きなゴール）

行動開始日　　　　　　　　目標達成日
［　　年　　月　　日］～［　　年　　月　　日］

目標達成のための続ける行動

中間目標（スモールゴール）

自分へのごほうび

自分へのペナルティ

行動達成率

%

サポーター

※コピーしてお使いください

シートNO.

今週の目標

月/日	行動予定	結果	振り返り
／			
／			
／			
／			
／			
／			
／			

今週の達成率	1週間の行動の振り返り
%	

監修者からのメッセージ

このたびは、本書『めんどくさがる自分をサクサク動かす50のルール』を通じて、行動科学マネジメントのメソッドに触れていただき、ありがとうございました。

「行動科学マネジメント」とは、アメリカのビジネス界や教育界などで大きな成果を上げている行動分析・行動心理を基にしたマネジメント手法を、日本人に最適な形にアレンジしたものです。

私は現在、講演、企業研修などを通じて、主に企業の経営者や管理職の方々に行動科学マネジメントのメソッドをお伝えしています。そういった役職の方々は組織をマネジメントする立場にあるわけですが、「皆さんの仕事の根幹にあるのが『セルフマネジメント』です」ということを常にお話ししています。

セルフマネジメントは直訳すれば「自分を管理すること」という意味ですが、これをよりわかりやすく表現すると本書のキーワード「自分を動かすこと」になります。

つまり、この本は**「セルフマネジメント」の本**なのです。

では、なぜ「自分を動かすこと」がすべての根幹なのでしょうか?

それは、自分で自分を動かせない人に、人を動かすことはできないからです。

「どうやったら自分を動かすことができるか?」「どんなときに自分が行動できなくなってしまうか?」を自分自身で理解していなければ、残念ながら部下を指導することはできないでしょう。

「自分を動かすチカラ」とは、ビルに例えるならば基礎にあたる部分。このチカラを身につけていなければ、他にどんな技術を身につけても、ビルは常にグラグラしてしまいます。

本書は、今すぐ取り入れることのできる行動科学マネジメントの実践的な方法を、イラストを中心にしてわかりやすく紹介しています。これらを仕事や日常生活に取り入れて実行するほど、あなたの「自分を動かすチカラ」はレベルアップしていくことでしょう。

あなたが楽しみながら自分を動かし、「サクサク行動できる人」へと変化を遂げていくことを願っています。

一般社団法人行動科学マネジメント研究所所長
石田　淳

著者からのメッセージ

あらためまして、みなさんこんにちは。

一般社団法人行動科学マネジメント研究所で、行動習慣コンサルタント®兼行動定着コーチ®を担っています冨山真由と申します。

この度は、本書『めんどくさがる自分をサクサク動かす50のルール』を手に取っていただき、本当にありがとうございました。

以前から私は「行動」という言葉に関心があり、大学では行動の変容に関する理論を学んできました。ところが、そんな私が行動上手であったかというと、決してそうではありませんでした。

行動科学マネジメント研究所に入所する以前、社会人3年目の頃までは、私は自分を動かすことが大の苦手でした。

いつも行動ではなく感情にコントロールされて、上手くいかずに悩んでいました。「意志」「やる気」といったものに振り回されずに、自分自身をマネジメントできないか――そう考えながら仕事をする中で、行動科学マネジメントに出会ったのです。

そして、「行動」に関する専門的かつ実践的な学びを深めることができました。おかげさまで、現在では毎年60社以上の企業様に出向いています。そして、管理監督者の方に対して、現場での業績達成や部下育成をテーマに〝行動習慣化〟と〝行動定着化〟のお手伝いをしています。

この仕事をしていて最もうれしいのは、今まで自分の思いどおりに行動できず、「何をしても上手くいかない……」などと思い込んでしまっていた方たちが、自分を動かすコツをつかみ、小さな行動を積み重ねた結果、「サクサク行動できる人」に変身していくことです。

「気がついたら目標達成してしまいました！」

こんなふうに報告されることが多いのですが、それは決して偶然ではなく、行動を積み重ねた必然の結果です。その変化を目にするのが、私の大きな喜びです。

本書では、私がこれまでに現場でお伝えし、実際に効果を上げてきたさまざまな方法の中から、「自分を動かす」という観点で50項目選び、掲載させていただきました。

中には「こういった方法を取り入れると何か変わるの？」と半信半疑に思う方もいらっしゃるかもしれませんが、そういう方にこそ、ぜひ試していただきたいと思っています。

「今年こそ」「今月こそ」「今日こそ」自分を動かしたい――。

そう思ったときに、ぜひ気になる項目からチャレンジしてみてください。

そして、わたしとひとつだけ約束してください。

その約束とは、「もしも途中で諦めてしまっても自分を責めない」ということ。続かずに中断してしまっても、一度休憩をして、再び始めればいいのですから。

「人」は、いつでも変わることができます。その変わり方を知っているか知らないかで差が出てしまうだけです。やる気や根性などの精神論とは一切関係ありません。

みなさんが、より理想の自分に近づけるために、本書を通してお手伝いができましたらこの上なく幸いです。

行動習慣コンサルタント®　行動定着コーチ®
冨山　真由

著　者

冨山真由（とみやま　まゆ）

一般社団法人行動科学マネジメント研究所コンサルタント。株式会社ウィルPMインターナショナル行動科学マネジメント公認チーフインストラクター。行動習慣コンサルタント®。行動定着コーチ®。日本行動分析学会会員。

大学卒業後、医療機関を経て戦略コンサルティングファームに就職。日本で海外ブランドを店舗展開していく広報活動を担うと同時に、店長とスタッフ育成も担当する。

現在、日本では数少ない女性の行動科学マネジメント公認インストラクターとして、企業の一般職の方から管理職まで幅広い層を対象に、セルフマネジメント研修を年に90回程行っている。研修後のフォロー支援で、「行動習慣化トレーニング」を導入し、企業での“目標達成”と“部下育成”の分野で成果を上げ続けている。

趣味は、ランニングとヨガで心と身体を動かすこと。最近は、週末にトレッキングをして自然と触れ合うのが楽しみのひとつ。

株式会社ウィルPMインターナショナルHP
http://www.will-pm.jp/

監修者

石田 淳（いしだ じゅん）

一般社団法人行動科学マネジメント研究所所長。一般社団法人組織行動セーフティマネジメント協会代表理事。アメリカの行動分析学会ABAI（Association for Behavior Analysis International）会員。日本行動分析学会会員。日本ペンクラブ会員。株式会社ウィルPMインターナショナル代表取締役社長兼最高経営責任者。

米国のビジネス界で大きな成果を上げる行動分析を基にしたマネジメント手法を日本人に適したものに独自の手法でアレンジして、「行動科学マネジメント」として確立。その実績が認められ、日本で初めて組織行動の安全保持を目的として設立された社団法人組織行動セーフティマネジメント協会代表理事に就任。グローバル時代に必須のリスクマネジメントやコンプライアンスにも有効な手法と注目され、講演・セミナーなどを精力的に行う。

趣味はトライアスロン＆マラソン。2012年４月には、世界一過酷なマラソンといわれるサハラ砂漠250kmマラソンに挑戦、完走を果たす。

『マンガでよくわかる 教える技術』（かんき出版）、『なぜ一流は「その時間」を作り出せるのか』（青春出版社）、『部下の行動が１か月で変わる！「行動コーチング」の教科書』（日経BP社）など著書多数。

STAFF
イラスト　森下えみこ
本文デザイン　編集室クルー
校　正　有限会社くすのき舎
編集協力　高橋淳二（有限会社ジェット）
ＤＴＰ　編集室クルー

※本書は、小社刊『めんどくさがる自分を動かす技術』（2015年発行）の一部を加筆し、再編集したものです。

めんどくさがる自分を
サクサク動かす50のルール

2019年５月20日　第１刷発行

著　者　冨山真由
監修者　石田 淳
発行者　永岡純一
発行所　株式会社永岡書店
〒176-8518　東京都練馬区豊玉上1-7-14
TEL. 03 (3992) 5155（代表）
TEL. 03 (3992) 7191（編集）
印　刷　精文堂印刷
製　本　若林製本工場

ISBN978-4-522-43735-3　C0036